SIX MOIS A MAZAS

ERRATUM

Page 136 : Placer la ligne 19 en tête.

GABRIEL PÉLIN

SIX MOIS À MAZAS

EN 1862 ET 1863

SOMMAIRE :

ESSAIS CRITIQUES SUR LA LOI PRÉVENTIVE ET L'INSTRUCTION CRIMINELLE ;
PIÈCES A CONSULTER POUR COMPLÉTER
L'HISTOIRE DU PROCÈS LONDYNSKI ET AUTRES ;
PARTIES CIVILES :
MESDAMES LES PRINCESSES DE WOLKONSKI ET LABANOFF ;
NOTES SUR LES PRISONS, ETC.

PRIX : 3 FRANCS

A LA LIBRAIRIE PARISIENNE
RUE D'ENGHIEN, 14

1863

Paris. — Typ. Dupray de la Mahérie, boulevard Bonne-Nouvelle, 26
(Impasse des Filles-Dieu, 5.) — 408

« MESSIEURS LES SÉNATEURS,

» Victime des rigueurs non motivées d'une mesure préventive qui m'a livré pendant plus de six mois aux cellules de Mazas, je viens protester en demandant à votre sagesse la radiation d'une législation barbare qui laisse au bon plaisir d'un seul homme le droit de disposer de la liberté et de la vie de ceux qui sont seulement SOUPÇONNÉS d'un délit.

» J'ai dit de la liberté et de la *vie*, car la prison préventive qui, selon l'esprit du texte légal, ne doit pas être appliquée comme peine, offre le spectacle de tant de maux que la maison de correction devient un Eden quand elle lui est comparée.

» Les rigueurs combinées du silencieux Mazas fournissent chaque année plus de morts prématurées que n'en fauchent en un demi-siècle les glaives répressifs.

» Voilà ce que vaut sa philanthropie.

» Les greffes des maisons cellulaires diront-ils

combien d'aliénations mentales ils ont enregistrées ?

» Les malheureux qui recouvrent leur liberté diront seuls dans quel état d'épuisement ils reviennent respirer l'air que Dieu donne à tous, et que le système pensylvien refuse à ceux qu'il torture au nom de la loi préventive.

» Je l'ai expérimenté moi-même. C'est ainsi.

» Après six mois de séquestration, l'information, aux abois, a vu une ordonnance de non-lieu terminer l'œuvre de sa prudente sagesse. La prison m'a enfin permis d'abandonner ses étroites voûtes ; je suis revenu malade au milieu de ma famille épuisée, de mes relations compromises, et du désastre de mes opérations brutalement suspendues dans le brisement occasionné par une arrestation qui m'avait surpris.

» Etrange procès ! prévention, instruction plus étranges encore... Je me refuserais à croire aux faits de cette épopée, si je n'y avais pas eu ma part de misères imméritées, de menaces et d'insultes, dont j'ai fait l'analyse et le compte.

» Suis-je donc la victime d'un de ces faits isolés dont la rareté atténue l'intérêt ?

» Non... J'ai souffert ce que d'autres ont enduré comme moi. J'ai subi une de ces violations du droit chrétien qui passent chaque jour en franchise dans le bilan des mutilations ignorées, parce qu'elles n'ont pas eu de voix pour la plainte; mais j'élève la mienne au nom de la vérité.

» En présence d'une telle situation, moi qui crois à la vraie justice et aux splendeurs d'un règne géant, dans lequel les idées généreuses trouvent partout des échos, je proteste en appelant la réparation.

» La réédification des lois morales est la conséquence de celle des cités matériellement régénérées.

» Je signale donc aux hommes si éminents qui composent le premier des corps de l'Etat les faits étranges d'un procès dans lequel se trouvent matérialisés les dangers de l'instruction correctionnelle, que je suis pas à pas dans ses actes auxquels se joignent les splendeurs barbares de la prévention.

» Je sollicite donc la révision de la loi préventive, qui autorise l'emprisonnement sur la seule garantie d'une dénonciation sans preuve, et la modification d'une instruction qui semble considérer à l'avance ses prévenus comme autant de coupables pour lesquels elle fait sonner l'heure de l'expiation, en *restreignant les ressources matérielles et morales de la défense*, en *refusant la caution sans avoir à justifier ses raisons*, en *disposant du secret*, qui ruine le foyer, détruit le crédit; en faisant enfin *la prévention* matériellement *plus dure pour ceux qui sont innocents* que pour les grands coupables; mesure aveugle qui surprend, brise, insulte, auxiliaire des grands *ennemis de la famille* dont elle semble être le bras.

» Puis, à côté d'elle, un luxe de lenteurs, d'experts étranges et de curieuses façons d'interpréter l'esprit du texte légal....

» Qui voudrait croire à de telles œuvres, si les pièces de mon dossier et l'étrange procès Londynski ne justifiaient pas mes dires?

» Qui ajouterait foi au nombre des protestations, que j'écrivis en les datant de Mazas?

» Quatorze plaintes restées sans réponse m'ont démontré l'erreur dans laquelle j'étais tombé en me croyant victime d'un abus.

» Si je dois aujourd'hui reconnaître que le juge d'instruction n'a pas dépassé la limite de ses pouvoirs, c'est au Code d'instruction criminelle qu'appartient le blâme; c'est à lui qu'il faut imputer le mal.

» C'est également au règlement de la prison préventive qu'il faut reprocher la situation faite aux prévenus.

» Six mois de claustration m'ont permis de compléter la série de mes observations de plusieurs années.

» Ce sont ces études que je viens soumettre à votre haute sagesse, en demandant, au nom de la loi morale, la radiation des rigueurs d'un code encore chargé des brutalités féodales.

» Je sollicite donc, Messieurs les Sénateurs, pour qu'il vous plaise de faire examiner par une commission les Mémoires que j'ai l'honneur de vous adresser et dont vous reconnaîtrez l'urgente vérification.

» Mal appliquée, la prévention est devenue une mesure inhumaine, anti-sociale. L'instruction, arbitrairement faite, semble devenir un déni du droit de justification; la liberté de défense est comprimée; la garantie manque partout.

» Je ne doute donc pas que votre sagesse éclairée ne vienne en aide aux besoins de la loi morale en modifiant un état de choses qui ne garantit plus la société française, vous tarirez ainsi une source de misères, de mutilations imméritées, et vous ferez disparaître une menace incessante qui trouble la sécurité des sujets de l'Empire.

» Recevez, Messieurs les Sénateurs, l'assurance du profond respect avec lequel j'ai l'honneur d'être votre très-humble et très-obéissant serviteur.

G. PÉLIN. »

UN INCIDENT EN GUISE DE PRÉFACE

Je viens de terminer les douze feuilles d'un volume, et j'avais compté réduire ma protestation aux proportions plus modestes d'une légère brochure.

Les circonstances font les hommes.

Il est des nécessités de moment qui *obligent* : j'ai subi une de ces nécessités.

Je croyais n'avoir à discourir que sur les misères des détentions imméritées et les vices de certains règlements; je me vois dans l'obligation de répondre à une attaque en signalant un danger public.

On m'a jeté le gant, je l'ai relevé.

J'assignais, il y a quelques jours, au tribunal de paix du huitième arrondissement de Paris, une noble étrangère à laquelle je réclamais une bagatelle... dix misérables louis!

La résistance était pourtant opiniâtre; un agent d'affaires, vigoureusement stylé, faisait découler les torrents de son éloquence pour repousser ma demande...

Malgré ses efforts, la lutte devenait impossible en présence des preuves que j'apportais à l'appui de ma réclamation.

L'affaire étant remise à quinzaine pour dernières explications, voilà quel fut l'argument vainqueur qui me fut opposé.

La noble étrangère avait remis à son ayant-cause un *in-folio compacte*, qu'il déposa sur le bureau de justice.

Cette pièce *écrasante* était le rapport de M. Monginot dans l'affaire Londynski et Lemetais.

Le *negotiorum gestor* de mon adversaire lut les appréciations faites par le savant expert sur mes actes et ma moralité.

L'expertise ne m'était rien moins que favorable, et le respect dû au tribunal m'empêcha seul de prouver *ad hominem* au faquin qui osait faire une pareille lecture, que certaines élucubrations doivent rester dans les sentines où elles s'élaborent.

Je n'étais pas heureux ce jour-là ! L'agent d'affaires de ma noble contradictrice s'était encore armé d'une lettre de M. le juge d'instruction E. Daniel, qui s'adressait à M. le juge de paix, en le prévenant de bien méditer avant de m'accorder gain de cause, car j'étais un homme *habilement dangereux*.

Malgré la lettre et le rapport de l'expert, J'AI GAGNÉ MON PROCÈS.

Mais comme je tiens à l'estime publique, et que je désire avant toute chose que l'impartiale justice de M. E. Daniel soit édifiée sur le compte d'un de ses plus humbles serviteurs ; comme il est bon que chacun sache ce que valent les expertises, et la façon dont elles se font, j'ai dû étendre mes observations et mes demandes *réformistes* sur l'instruction criminelle, en faisant à l'endroit des faits qui me sont personnels, l'analyse du rapport de M. Monginot, *expert teneur de livres*.

C'est à ce rapport que je crois devoir attribuer la meilleure part des *cent quatre-vingt-cinq jours* de prévention que j'ai subis ; et comme, après le procès correctionnel, l'œuvre erronée de l'expert semble me poursuivre et s'attaquer aux intérêts matériels et moraux que je défends, je suis dans l'obligation de discuter à mon tour les mérites de son œuvre, et d'en prouver les errements.

A cette occasion, je me suis adressé les questions suivantes :

Si le rapport de M. Monginot n'eût pas existé, M. le juge Daniel eût-il maintenu contre moi cette prévention si longue que je viens de citer?

M'eût-il refusé la liberté sous caution?

M'eût-il mis au secret, et eût-il ordonné des mesures exceptionnelles qui m'atteignaient jusque dans les prescriptions médicales, qu'elles restreignaient?

M. Daniel eût-il refusé les permis de communiquer en laissant seulement ma femme parvenir jusqu'à moi dans le parloir cellulaire à double grille, et lui eût-il interdit le parloir dit de faveur?

Sans ce rapport, la prudente sagesse de M. Daniel me signalerait-elle encore comme un homme habilement dangereux?

De tels effets doivent avoir une cause; faut-il la chercher dans les dires de l'expertise?

Je ne puis admettre qu'un homme aussi juste, aussi profondément érudit, si fort en thême et en droit, si au-dessus des faiblesses et des lâchetés humaines que l'honorable magistrat instructeur à l'analyse duquel j'ai été soumis, ait réagi contre moi en obéissant à des passions mauvaises, et fait ainsi sciemment un abus de pouvoir.

Tout le mal consiste dans la confiance trop étendue que cet homme éminent accorde aux renseignements de l'expertise.

C'est donc cette confiance que je prétends restreindre, en démontrant à M. E. Daniel, et à tous ceux qui liront mon livre, que les expertises qui ne sont pas *contradictoires* sont faites pour provoquer les errements, et ne peuvent en rien aider à la justice.

A ce point de vue, la cause que je plaide et la preuve que je fais sont d'ordre public et d'intérêt général. Ouvrier de l'œuvre de la réparation, je marche avec persévérance dans cette voie, fort des convictions qui me poussent.

« Que l'impur soit plus impur encore,
» Que le juste soit encore justifié. »

dit la parole évangélique.

Chrétien, marche dans les voies de la Providence en attaquant les œuvres impures : marche avec tes convictions. Il faut que *l'homme s'agite, mais c'est la main de Dieu qui le conduit!*

G. P.

L'INSTRUCTION CORRECTIONNELLE

LA PRÉVENTION ET SES CONSÉQUENCES

> Depuis les plus grands outrages jusqu'aux plus petites perfidies, n'ai-je pas vu de quoi l'espèce humaine est capable?
>
> LORD BYRON.

INTRODUCTION

Pour matérialiser les inconvénients de la détention préventive, il suffirait peut-être de produire le *compte-fait* des ruines qu'elle creuse chaque année, et ce tableau donnerait une bien triste idée des sûretés dont jouissent de ce côté les sujets de l'Empire français, dont la législation admet cependant en principe, que l'oppression d'un seul des membres de la société devient une menace pour la société tout entière.

Le siége du ministère public, institué sous cette raison, poursuit la répression des délits, demandant qu'ils soient refrénés, même contre le gré de ceux qui, après en avoir souffert, désirent user d'indulgence envers leurs auteurs. Le ministère public suit ainsi son œuvre au nom de la morale et des besoins de la société menacée. Rien n'est plus conservateur et plus équitable que son action.

L'Angleterre n'a pas cette garantie, elle procède à un point de vue différent du nôtre ; mais si elle perd un représentant moral, elle gagne bien largement dans d'autres conditions ce qu'elle peut nous envier à ce sujet. La liberté individuelle, la sûreté du citoyen, sont l'objet de la protection incessante des lois. La loi respecte l'homme pour que l'homme la respecte.

La loi anglaise considère comme sacrée la propriété du *moi*; elle garantit avant toute chose l'air libre que Dieu donne à tous.

Sans nous étendre davantage sur les coutumes anglaises, nous constatons ici, ce profond respect pour des droits, dont notre législation a le tort de faire trop peu de cas.

La mesure contre laquelle nous nous inscrivons, est-elle une de ces nécessités impérieuses dont les brisements passent inaperçus dans les ondes compactes du flot humain? Non. C'est un mal sans cesse renaissant qui atteint chaque jour les forces les plus vives, en étouffant le droit. On ne saurait donc le laisser plus longtemps continuer ses mutilations.

C'est s'associer aux splendeurs et aux vœux de l'ère impériale qui a déjà opéré de si nobles transformations, que de souhaiter que ses aigles choquent de leur aile une barbarie qui n'est plus de notre siècle.

Croyant comprendre les idées d'ordre dont la réparation est la conséquence, je ne traiterai pas cette question nationale de la réforme préventive, en la rapetissant aux intérêts étranges qui veulent perpétuer les errements du passé ; je la prendrai dans son ensemble sous les deux faces qui lui sont propres.

Garanties générales.
Droit individuel, droit chrétien.

En la développant ainsi, il sera facile de reconnaître que, débris d'une législation usée, la détention préventive (telle que nous la faisons), doit être radiée de toutes les tables où la loi sera la conséquence du droit et de l'équité.

Nous allons donc examiner la prévention au point de vue de l'esprit qui la fit établir, nous prouverons que la pensée du législateur, méconnue et travestie dans la pratique, a conduit les praticiens à dénaturer l'esprit de protectorat, pour le faire passer à l'état d'esprit de contrainte, en renversant ainsi les principes les plus moraux et les plus conservateurs !

TITRE PREMIER

La Détention preventive considérée comme garantie sociale

Dans cette première étude comme dans la seconde, il faudra que ceux qui nous lisent se pénètrent de notre pensée, qui établit deux divisions dans l'ordre même des idées de garantie que nous réclamons, et c'est dans cet ordre que nous allons rechercher sur quelles bases on voit opérer la répression?

La société, qui fait des lois pour se garantir, est en présence de deux catégories distinctes de malfaiteurs.

La première est celle des bandits de la nuit, foule malheureusement trop compacte d'hommes que le vice, la paresse et tous les mauvais instincts, ont mis en état de rébellion ouverte avec le reste des hommes laborieux, honnêtes et civilisés.

C'est pour protéger ces derniers contre les *praticiens du vice* que le législateur a édicté ses lois répressives; voilà pour la première catégorie.

Lorsqu'il s'agit des misérables dont les crimes audacieux appellent une réparation éclatante, qui appelle l'emploi des moyens énergiques et prompts, nous n'avons en aucune façon la prétention de venir dire :

Laissez agir et passer le vice : n'ouvrez la prison que le jour où la culpabilité, reconnue par le jury, vous permettra de punir.

Loin de nous une telle philanthropie, aussi afin d'éviter toute fausse interprétation, nous déclarons que nous ne considérons pas comme devant jouir de la liberté provisoire celui qui est arrêté en flagrant délit d'un fait réputé crime ou de telle nature qu'il puisse être une menace pour la société.

Mais sauf le *flagrant délit* d'un prévenu, quelle que soit sa moralité, il sera d'ordre public quand la garantie générale exigera la détention provisoire de le faire à bref délai comparaître par-devant un tribunal provisoire siégeant en audience privée ou publique, pour y être interrogé par trois juges qui décideront *sans faire droit sur le fond,* si les faits accusateurs justifient la prévention, ainsi que cela se pratique en Angleterre, où un premier jugement est appelé à déclarer s'il y a lieu à renvoyer devant le jury, et à fixer le chiffre de la caution, si le cas permet qu'elle soit acceptée.

Tel est le préliminaire que nous devions établir pour compléter notre pensée, et nous disons que, même en présence de graves délits, il est des hommes dont les antécédents et la position peuvent être une garantie suffisante pour qu'on les dispense du *carcere duro* de la prévention. Celui qui soutient une nombreuse famille, ceux sur lesquels pèsent la responsabilité de graves intérêts, enfin tous ceux dont la moralité et les droits de cité sont établis, bien qu'une heure d'égarement ait pu les rendre coupables, ne sont pas fatalement mis au ban de la civilisation, la répression ne doit pas dépasser les limites du délit qu'ils ont commis.

Dans cette seconde catégorie de délictueux, autour desquels les sympathies générales et la famille viennent se grouper, pourquoi apporter cette sévérité dans l'application des mesures préventives, où sont-elles d'ordre public, quelle peut être leur utilité?

Que peut redouter la société dans de telles conditions, les garanties lui font-elles défaut ?

Il serait bien difficile de le penser ; car l'inculpé qui fait preuve de sa solvabilité, de ses relations honorables et honnêtes, compromettra davantage les intérêts généraux quand on l'aura mis dans une prison où on paralysera son action, son commerce, et ceux qui y sont associés.

Dès qu'un homme est mis en suspicion par la justice, il faut que son honorabilité soit bien connue pour qu'il trouve des répondants.

Ne sait-on pas que l'homme qui possède un intérieur et des ressources se met bien rarement en guerre ouverte avec la société.

La famille qui l'entoure, l'atmosphère dans laquelle il vit, semblent attester qu'il doit y avoir folie quand cette rébellion se produit, et, même sous le coup d'une condamnation grave, la société trouvera toujours le moyen de saisir près du foyer domestique celui qui l'aura encourue.

La famille a le privilége d'attacher au sol ceux qui vivent dans son sein ; la société ne court donc aucun péril à ne pas céder trop aisément à des incarcérations dangereuses, qui peuvent amener des perturbations énormes en faisant craindre les erreurs de la justice à l'égal des attaques de ceux dont elle est appelée à refréner les méfaits.

Descendons maintenant aux choses que la loi a qualifiées délit, et pour lesquelles le jury ne doit pas intervenir. Parlons des répressions correctionnelles, dans lesquelles nous aurons encore à faire deux divisions bien distinctes.

Les délits honteux et reconnus tels par tous les cœurs honnêtes, les délits qui résultent des faiblesses ou des passions humaines ; délits dont la société doit évidemment se garantir, mais qui n'emportent pas avec eux ce cachet de réprobation qui s'attache au premier.

L'homme qui, dans son emportement, va souffleter un autre homme ou battre le guet, celui qui se mettra en contravention avec les articles 319 ou 338, l'ouvrier qui aura fait grève, etc., assimilerez-vous ces gens-là aux voleurs, aux escrocs, et à ceux qui vivent du vice et dans le vice? Non.

Cependant les uns et les autres sont également atteints par les sévices de la prévention, et souvent celui que la société excuse volontiers, le sera plus gravement que les praticiens de la fraude. Comment expliquer cette sévérité?

La raison du juge se trouvera sans doute dans cet esprit que *noblesse oblige* et que l'homme civilisé n'a pas à donner l'excuse de celui qui, perverti dès l'enfance, n'a pu se donner une juste idée des notions du bien et du mal.

En touchant aux faits de l'instruction correctionnelle, nous allons répéter ce que nous avons déjà dit pour une instruction relative à des faits plus graves.

Quand le délit n'est pas contesté, est-il utile, pour la garantie sociale, d'incarcérer à l'instant le coupable?

Discutons ce point.

Si le délinquant est un praticien du vice, il ne trouvera ni répondants, ni caution : je crois que la société peut le conserver sous la clef de ses geôles ; il n'osera même pas réclamer le bénéfice d'une liberté provisoire.

Si le délit a été commis par un homme solvable, trouvant des répondants malgré sa faute, si son commerce, sa famille peuvent souffrir de sa détention, la société doit-elle porter la perturbation dans une maison en l'en arrachant sans accorder de répit?

Procéder ainsi, c'est insulter à la loi morale et à l'esprit du texte codifié.

Maintenant, que dire de toutes ces préventions, monuments inextricables où tout est dans les limbes, et où une jurisprudence incertaine articule des griefs que le prévenu repousse énergiquement: l'instruction a-t-elle le droit de le conserver dans les prisons pendant qu'elle s'obstine à chercher les preuves qu'elle ne trouvera pas? Passons sur ce triste sujet et renvoyons au *Dictionnaire philosophique* de Voltaire pour qu'il y donne une solution.

Les mauvais antécédents, le défaut de ressources du prévenu, sont souvent les seuls éléments ou les plus dangereux de certaines accusations, dans ces conditions l'instruction se fait peu de scrupules de ses lenteurs. Notons ce cas pour mémoire.

En ce qui concerne la *morale générale*, avouons aussi que les besoins de la société, en grandissant y ont amené une espèce de perturbation, et qu'ainsi notre législation s'est singulièrement embrouillée dans les cas nouveaux.

Les notions de l'honnête et du déshonnête sont loin d'être parfaitement établies dans une foule d'usages commerciaux. Tel est considéré en ce moment comme délictueux, ne l'était pas il y a trente ans, et par contre d'autres usages, réputés alors *peu honnêtes*, sont acceptés comme une conséquence légitime des besoins actuels; il surgit de ces faits une difficulté énorme pour que l'action délictueuse soit reconnue de l'action *loyale et marchande*.

Les tribunaux, les cours et même la Cour suprême n'ont pas toujours apprécié dans le même sens ; une époque a déjugé l'autre : Disons que la lumière n'est pas complète sur beaucoup de points de la doctrine; dans bien des occasions, elle est incertaine.

Quel est l'intérêt général en pareille situation ?

Où la garantie sociale se trouve-t-elle?

Nous croyons ne pas avoir besoin d'indiquer sous quelle raison on la doit chercher.

DU DROIT INDIVIDUEL

Passons maintenant au DROIT INDIVIDUEL, qui est celui que chacun possède d'agir librement, à la condition de ne pas gêner les mouvements d'autrui et de respecter la propriété, qui est le principe constitutif des sociétés civilisées.

Entraver la liberté d'action de l'homme social, n'est pas un délit, c'est un crime ; ainsi l'a considéré l'esprit de la loi. Le texte est conforme à l'esprit (1).

Pourquoi cette sévérité répressive garantit-elle contre les attaques de la séquestration ?

(1) 341. Seront punis de la peine des travaux forcés, à temps, ceux qui sans ordre auront détenu ou séquestré des personnes quelconques.

342. Si la détention ou séquestration a duré plus d'un mois, la peine sera celle des travaux forcés à perpétuité.

C'est que le législateur a compris que la suspension du libre exercice des actions d'un homme pouvait amener pour lui les plus grandes perturbations ; il a compris qu'un jour de séquestration pouvait ruiner toutes les espérances d'un industriel, et qu'enfin la chose la plus respectable, la plus sacrée, c'était la liberté de chacun.

Mais, chose étrange ! à côté de cette garantie, si énergique, si claire, si positive, voilà que le Code d'inst. crim. semble en faire la contre-partie, en laissant à un seul homme le droit de séquestrer au nom de la loi tous ceux contre lesquels il y aura des CHARGES SUFFISANTES, *preuves ou commencement de preuves*. CHARGES SUFFISANTES, ainsi s'exprime le monument légal, et comme aucun texte ne définit les deux mots soulignés en gros caractères, nous voilà dans une étrange perplexité.

Très-souvent ce qui est appelé PREUVES se trouve mis à néant, et se transforme en choses ERRONÉES.

Le *commencement de preuves* est plus souvent encore transformé en amas de conjectures peu raisonnables, et qui ne soutiennent pas l'examen.

Restent LES CHARGES SUFFISANTES.

A mon avis, cette rédaction est splendide ; elle

semble donner au mot suffisant la valeur d'une chose précise, tandis qu'il a toute l'élasticité d'une hyperbole.

Ce qui paraîtra suffisant pour alarmer tel esprit ombrageux, fera hausser les épaules à tel autre plus lent et plus positif. Dès lors que l'humanité est ainsi faite, et que la garantie que vous donnerez à l'homme accusé ne sera autre que celle d'un autre homme, les plus grandes erreurs, les plus grands abus peuvent passer en franchise ; l'esprit de sûreté générale mal compris deviendra une source d'alarmes perpétuelles pour chaque individu.

Faut-il faire des tables pour démontrer ce principe ?

Cherchez dans les greffes des maisons préventives, vous aurez un chiffre assez éloquent pour appuyer mon argumentation. Et quand on pense qu'après six mois, un an et plus, des prévenus correctionnels sont relaxés (faute des éléments nécessaires à la confection d'un réquisitoire), il faut reconnaître que la prévention ainsi appliquée est une chose bien désolante à voir.

L'exemple sera-t-il plus militant en faveur de cette mesure, quand on citera une condamnation à quinze jours de prison, répondant à une détention préventive de treize mois ?

Ce fait, que j'ai pu constater, n'est pas un fait isolé (j'en passe, et des meilleurs). Sans essayer de faire le compte des erreurs judiciaires issues du système préventif, dont nous avons déjà traité superficiellement le sujet. Étudions les faits de la prévention, en discutant l'esprit du texte des codes, dont le silence est interprété dans la pratique d'une façon déplorable pour les prévenus; raisonnons les choses existantes, les améliorations que nous y voudrions voir apporter, et concluons :

C'est le juge d'instruction qui dispose de tout inculpé ; nous savons quelle facilité lui laisse la loi en employant l'expression *charges suffisantes.*

Discuteriez-vous l'honorabilité et l'intelligence du magistrat instructeur, nous direz-vous?

Nous reconnaîtrons la supériorité de la valeur morale de tout magistrat — que sa charge *oblige* comme noblesse ; — mais nul n'étant parfait en ce monde, et le chef suprême de l'Eglise n'étant pas infaillible, on peut bien admettre que le juge d'instruction se trompe quelquefois. Le Code a prévu la concussion, l'abus de pouvoir et toutes les prévarications. Le prévenu peut donc en être victime?

La loi lui laisse un moyen de protester contre

les abus du magistrat instructeur; mais peut-il l'employer? Le cas est litigieux.

Ces abus sont tellement rares qu'on nous reprochera peut-être de les signaler; en le faisant, nous croyons pourtant accomplir un devoir.

Parlons maintenant d'un danger d'un autre ordre, qui disparaîtrait si, au lieu de ne faire qu'éluder la loi dans les prescriptions des *art.* 92 et 93 du C. d'Instr. crim. en faisant un semblant d'interrogatoire, le juge d'instruction mettait le prévenu à même de se justifier et de prouver que le fait qu'on lui reproche n'est *ni un crime, ni un délit.*

Ce cas, qui va paraître étrange, est beaucoup plus commun qu'on ne le pourrait croire; il naît du défaut de connaissances pratiques, dans les usages commerciaux, que nous avons déjà signalé. Le juge d'instruction ne peut tout connaître, et il est souvent tout à fait étranger au mécanisme de certaines opérations. De là vient la calamité des expertises.

Ainsi disons-nous : Il est fort peu de juges d'instruction capables de saisir l'esprit de certaines opérations commerciales. Ils seront sujets (au moins à première appréciation), à considérer comme dolosifs des actes parfaitement réguliers. Joignez à cela l'obscurité de beaucoup d'articles du Code pénal, et mille cas imprévus où l'apparence du délit colore des choses fort honnêtes, on verra que, dans toutes les affaires correctionnelles qui n'ont pas le caractère de l'attaque directe aux intérêts généraux, la prévention est une mesure non-seulement désastreuse pour l'individu. mais encore dangereuse pour la société tout entière.

Qu'on nous conteste nos prétentions, nous allons passer sur toutes ces considérations, accorder tout et nous ranger aux défenseurs de la prévention en disant qu'elle est une mesure salutaire, indispensable.

Nous nous occuperons seulement de la façon dont on procède à son application, et, restreinte à cette seule critique, il nous restera encore d'étranges choses à enregistrer.

Le Code pénal et le Code d'instruction criminelle ont voulu qu'en aucun cas la prévention ne pût être considérée comme une peine : notez-le.

La PRÉVENTION est une *précaution*, rien de plus.

Le vœu du législateur est que le prévenu et le condamné soient dans une position distincte.

La raison est que le prévenu peut sortir innocenté; par conséquent, tant qu'il n'est pas condamné, le prisonnier a droit à tous les égards. Le simple bon sens, l'honnêteté disent également que ces mêmes égards doivent être plus grands pour celui qui n'est accusé que d'une peccadille que pour le bandit qui s'est mis en guerre ouverte avec l'ordre social, et qu'attendent les assises.

Eh bien ! voilà ce qui déroute toutes les notions de droit et d'équité, car la *détention préventive est la plus rigoureuse de toutes les détentions*, et l'égalité du *carcere duro* est conforme dans toutes les catégories de prévenus; on serait même tenté d'ajouter que la faveur, si faveur est faite, tombe toujours sur les sujets les moins dignes d'intérêt.

Nous nous expliquons en quatre mots à ce sujet.

Celui qui se courbe et sollicite obtient quelques améliorations, mais celui qui proteste, fort de son innocence, doit souvent supporter les rancunes de celui dont il est la chose à instrumenter, le juge d'instruction ne voulant pas comprendre que l'injustice d'une prévention imméritée révolte les cœurs honnêtes, et que l'innocence outragée pousse parfois à l'inconvenance et à l'exagération.

Ce fait posé, passons.

L'art. 614 du Code d'inst. crim. est ainsi conçu :

Si le prisonnier use de menaces, injures ou violences à l'égard du gardien ou des autres prisonniers, il sera ENFERMÉ SEUL *et même mis aux fers.*

Il résulte donc de la teneur de cet article que l'isolement, l'encellulement est un moyen répressif.

Mazas, cet Eden de l'instruction criminelle, est soumis à l'isolement le plus rigoureux.

Voilà la première faveur faite au détenu préventif. Les philanthropes, partisans de ce triste monument, vous répondent que c'est afin de ménager à l'honnête homme un hideux contact qu'une tendre sollicitude a édifié les douze cents cellules.

Mais ceux qui, après une prévention déjà longue, demandent à la continuer à la prison des Madelonnettes, savent que c'est une insigne faveur que d'y obtenir un transférement.

Que l'instruction ne vienne pas parler, pour se justifier, des besoins du secret et de la nécessité de certaines mesures de garantie ; je les abandonnerai toutes à sa sagesse quand il sera question d'une affaire grave ; mais ici, je le répète, il n'est question que de peccadilles. Eh bien ! c'est malheureusement sur ces peccadilles que l'instruction déploie son plus grand luxe de sévérité.

Passons maintenant sur toutes ces choses, et, dans ce Mazas préventif, il va nous rester encore à apprécier une série de mesures étranges, prises en vertu de l'autorité d'un règlement qu'a fait le bon plaisir administratif.

Ce n'est pas assez de n'accorder au prévenu qu'une cellule étroite, à l'air raréfié, et de ne lui accorder la vue du ciel que trois quarts d'heure chaque jour, il faut qu'on lui refuse les adoucissements accordés dans les prisons pour peine ; et l'honnête homme en est ainsi réduit à envier le sort du condamné. Le fripon est plus favorisé que lui... *Proh pudor!*

Voilà pourtant la vérité brutale, incontestable.

Voilà quelle est la morale du règlement.

Le condamné, *même à cinq ans*, peut, par faveur, faire son temps à Sainte-Pélagie, et, moyennant rétribution, y trouver un bon lit, des occasions de délassement et le moyen de s'occuper des affaires de sa maison.

Comme prévenu, rien de tout cela. A Mazas la faveur de l'introduction d'un oreiller est refusée même à la sixième division, dite de l'infirmerie.

Les malades de toutes les catégories y devront subir la même égalité dans la misère ; le prévenu de vol avec effraction est aussi favorisé que le prévenu d'adultère, d'homicide ou blessures par suite de duel.

Tout est ainsi mis au même niveau, et les permis de communiquer sont sordides pour tous !

Est-ce bien là l'esprit de la loi ? Est-ce l'exécution des prescriptions du texte ? Non, mille fois non.

La loi est conservatrice, partout, toujours, et cependant, en appliquant cette loi judaïquement, on est arrivé à en faire une loi de mutilation.

Tout cela existe parce qu'il a plu à MM. tels et tels d'expérimenter un système !

Il est juste d'ajouter que vous venez dire que votre novation est toute morale, si le prévenu endure quelques misères pendant cette prévention tenue secrète, lorsque l'acquittement le délivre, il a la consolation de n'avoir été vu par personne. Les verrous qui s'ouvrent pour le rendre à la liberté l'auront préservé du scandale.

Dérision ! nous écrierons-nous, pour répondre à cet argument préparé par les praticiens d'une théorie anti-chrétienne.

Vous voulez, dites-vous, préserver le prévenu du scandale et des contacts impurs? Administration, vous êtes la première à divulguer le secret, en mettant en tête de chaque lettre écrite par le prévenu le paraphe de votre commis greffier, cachet indélébile de la prison !

Toute personne qui recevra une lettre ainsi *tarée* saura que celui par qui elle est écrite est sous les verrous. Voilà votre tendre sollicitude et ce qu'elle vaut.

Pour le condamné, c'est autre chose : Sainte-Pélagie vérifie, mais ne paraphe pas toujours les lettres qu'elle expédie : on y fait les choses décemment.

Mazas ne permet pas que le prévenu puisse avoir un couvert en argent ou en ruolz, sa consigne prohibe les vases en fer-blanc, cuivre ou fer battu ; elle les considère comme dangereux. En revanche, les ouvriers chaussonniers, tailleurs et cordonniers, sur lesquels l'administration a quelque chose à gagner, peuvent avoir de longs ciseaux, des poinçons, qui sont dangereux comme des poignards, et des tranchets !

Voilà la moralité et la logique de Mazas.

Prenons maintenant celle de l'instruction.

Nous n'avons aucune raison de mettre en suspicion l'homme qui la fait ; nous devons reconnaître qu'il est érudit, que ses antécédents sont irréprochables, que sa loyauté est éprouvée, et qu'il donne toutes les garanties désirables à la société qui le choisit pour remplir cette haute fonction.

Reste maintenant à savoir si, dans ces mêmes conditions, toutes les sûretés sont bien données à celui contre lequel agit l'instruction.

Cela est douteux ; car, après avoir reconnu l'*homme social* irréprochable, il pourra néanmoins être excessivement dangereux de lui laisser arbitrairement le droit de retenir préventivement celui dont les actes sont soumis à son contrôle.

Le juge d'instruction *(et tous les criminalistes en général)* a le défaut de voir les choses sous leur jour fâcheux. Habitué à passer ses heures à l'étude de la répression des actes honteux ; il finit souvent par croire que tous les hommes sont pervers, il en fait peu de cas, et voit pour ainsi dire d'avance des coupables dans tous ceux qui lui sont amenés.

Cette opinion est la conséquence de sa position, plus l'homme vieillit, plus il devient rigide et oucieux, moins il est disposé à croire à la vertu.

Dans les premières années d'exercice, le juge d'instruction est ordinairement disposé à la bienveillance, il compatit aux misères de la famille qui souffre, il travaille plus qu'il ne devrait, afin de ne pas faire durer longtemps certaines préventions; mais les années se passent, ses idées philanthropiques se modifient, le souffle chrétien s'amoindrit, la charité dégénère, et il ne reste plus que l'instrument de la loi répressive.

Ainsi passé à l'état d'homme pratique, il devient dangereux, au moins au point de vue de l'esprit chrétien.

Il est rigide et froid, il compte scrupuleusement les heures qu'il doit à sa mission, il les remplit, mais il ne va pas au delà : le prévenu est pour lui un sujet. Si les vacances viennent, le sujet attendra dans sa cellule que le juge soit de retour.

Si la famille dans la misère implore? Le juge répond que l'affaire viendra à son tour et que la justice informe.

Il est familiarisé avec les scènes de désolation, la loi le couvre.

Nous l'avons dit cependant, cette loi s'applique de deux façons bien différentes : en froid praticien ou en apôtre de la morale. Entre ces deux voies, il y a tout un monde, il y a un abîme !...

Encore l'esprit d'infaillibilité dans la prescience de la physiologie, emporte quelquefois l'instruction; à certaines heures, elle l'illumine ; alors si elle voit un coupable... elle en est sûre.

L'analyse semble prouver le contraire. L'instruction fait des efforts furieux pour découvrir ce que sa science lui dit et ce qui n'existe pas. — L'homme est ainsi fait.

Faut-il encore faire le compte des prévenus dont la longue prévention n'a été due qu'à leur emportement devant le juge. Forts de leur innocence, ils ont cru pouvoir élever la voix... ils ont eu tort, nous l'avons déjà dit.

L'homme qui tient dans ses mains un grand pouvoir, si sage qu'il puisse être, est toujours disposé à abuser de sa force si quelque chose lui résiste; voilà pourquoi la puissance qui est dans les mains d'un seul homme sera toujours dangereuse.

Jusqu'ici je n'ai signalé que les choses qui se pratiquent sous le couvert de la légalité. Il en est pourtant bien d'autres qui, quoique en usage, sont tout à fait opposées avec elle.

Les articles 92 et 93 du Code d'instruction criminelle veulent que le prévenu soit interrogé dans les vingt-quatre heures, et souvent quinze jours se passent sans qu'il ait été appelé à l'instruction.

On peut donner des exemples de détenus prévenus conservés plusieurs mois et relaxés sans avoir été interrogés, — sans avoir vu la face du juge instructeur.

Dira-t-on maintenant aussi qu'on peut appeler interrogatoire la comparution d'un prévenu devant un juge qui lui pose des questions à peu près étrangères au fait dont on l'accuse, et cela pour remplir le vœu de la loi. — *Le vœu de la loi!*

Je me suis souvent demandé comment il était permis de torturer ainsi l'esprit des choses qui doivent être respectées.

Le vœu de la loi, le voilà... je vais le traduire.

En prescrivant l'interrogatoire dans les vingt-quatre heures, la loi a voulu fournir à bref délai au prévenu un moyen de justification immédiat. Elle a voulu que le juge, en articulant les faits accusateurs, mît l'accusé à même de se justifier dès le début.

C'est le contraire qui se produit dans la pratique; les interrogatoires semblent parfois se rattacher à des détails du fait incriminé, sans toucher au corps de l'accusation: de sorte que l'instruction établira ses faits de culpabilité contre des prévenus de complicité, pour reconnaître tardivement que l'auteur principal du fait incriminé n'a commis qu'une action parfaitement légale.

Expliquer plus longuement des faits de cette nature serait faire la critique de celui qui fait l'instruction criminelle, et telle n'est pas ici notre intention: nous attaquons dans ce chapitre le système préventif, nous signalons les oublis des prescriptions de la loi; nous devions cependant signaler un errement qui produit des détentions préventives si peu justifiées.

Disons hautement, à la honte des tolérances, que l'élasticité de la loi donne un pouvoir dangereux à l'instruction quand la lutte individuelle s'établit entre le prévenu et celui qui instruit contre lui. Où l'homme isolé se montre, il y a faiblesse, il est permis de mettre cette faiblesse en suspicion, même chez le juge d'instruction.

C'est, en tout état de cause, le droit du prévenu, que sa bonne ou mauvaise étoile met à la merci d'un juge instructeur plus ou moins intelligent, plus ou moins convaincu des obligations que lui impose le droit chrétien.

Enfin l'homme livré à lui-même, ne relevant que de son arbitraire, n'étant vu de personne dans le cabinet où il instruit, fait moins consciencieusement les choses que s'il était en présence de deux autres hommes chargés de l'aider dans sa mission, si l'un vient à y faillir il en restera deux qui n'oublieront pas la leur.

Voilà au point de vue matériel ce qui peut se dire en abrégé sur ce terrible arbitraire du système préventif décrété par un seul homme.

Passons à ses conséquences morales et philanthropiques, et vous serez à même de l'apprécier dans toute sa laideur et ses immoralités.

L'arrestation préventive n'étant pas prévue, elle surprend celui qu'elle atteint, et il en résulte la perturbation qui naîtrait de l'arrêt brutal d'une machine en mouvement, tous les rouages peuvent être brisés ou faussés. — Dans toutes les conditions sociales, elle est une calamité qui va croissant suivant l'importance des relations de celui qu'elle saisit.

Au rebours de toutes nos institutions, elle semble n'être conservatrice que pour ceux qui n'ont rien à perdre.

Qu'importe au malheureux sans asile, au vagabond sans ressources, que la prévention fasse bon marché de sa liberté? — Souvent il a envié la triste hospitalité de la cellule, la soupe et le pain de la prison!...

Nous ne nous appesantirons pas ici, en discutant le droit des misères plus ou moins méritées, conséquences plus ou moins douteuses du vice ou de l'ordre social, nous articulons des faits, et dans ce nombre, nous disons que plus l'homme s'élève par sa position plus la prévention devient dangereuse et fatale pour lui.

L'ouvrier sérieux peut perdre une bonne *boutique* et compromettre sa modeste position à venir. —L'employé sera plus exposé encore, et pendant cette prévention, je vous le demande, comment se nourriront les familles de ces malheureux?

Remarquez bien que l'homme le plus innocent est mis à l'index par le seul fait de son arrestation; le public, qui raisonne toujours en égoïste, dit :

S'il n'avait rien fait on ne l'arrêterait pas.

Les ressources qu'elle rencontrerait dans un cas de maladie, feront défaut à la famille du prisonnier.

La prévention n'est pas limitée, la prudente sagesse du magistrat en dispose à son aise ; c'est une position affreuse, dont on ignore le terme, et qui atteint l'esprit aussi bien que les ressources matérielles de ceux qui la subissent.

Etudions bien et nous verrons que, garantie plus que douteuse, la détention préventive ne s'explique guère que par cette routine obstinée, cette crainte de changer les habitudes séculaires, qui protégent les abus!

On ne les reconnaît qu'après les avoir radiés.

Passons et élevons-nous encore dans la hiérarchie sociale.

Arrêtons brutalement le chef d'une maison de commerce, le directeur d'une usine, le chef d'une maison de banque.

Ce ne sera plus l'homme privé que la prévention fera souffrir, ce sera une masse compacte de travailleurs ou de capitalistes, toute une industrie, vous préparerez la faillite et la destruction.

Non, la loi morale se révolte à penser que le chef d'une maison puisse être enlevé ainsi sans des motifs impérieux! — La répression ne refuse pas terme à l'expiation d'une faute, et quand cette faute n'est pas évidente et palpable, vous, garantie sociale, vous venez briser le lien social, et vous ne vous préoccupez pas du résultat de votre œuvre?

Prévention, vous n'êtes pas une garantie, vous êtes une menace, une menace pour la société que vous prétendez sauvegarder.

Vous répondrez encore avec votre éternel argument : *La sagesse de ceux qui ont en main l'ins-*

trument de répression, et qui peuvent accepter caution.

La sagesse de l'homme isolé n'est pas infaillible, la preuve en est faite dans tous les corps qui se meuvent dans les hautes régions sociales.

Dans ces régions glorieuses, comme ailleurs, le compte ouvert des erreurs laisse encore une part.

S'il en était autrement à quoi serviraient les lois ?

Si science et sagesse pouvaient être infuses dans chaque tête appelée à l'honneur de sauvegarder les chartes d'une nation, ces chartes n'auraient plus leur raison d'être. — Elles se trouveraient vivantes sur la chaise curule des demi-dieux.

Passons donc encore, et appelons la loi, cherchons-la, en la respectant dans son texte, sauf à demander la radiation légale de ce qui n'est plus conforme à nos mœurs, aux nécessités des temps où nous vivons.

La prévention nous reporte fatalement à cette époque organique si douloureuse, où les rostres saints disparurent en nous laissant les œuvres de brumaire et de messidor.

Ceux, qui à cette époque, firent édicter notre Code criminel, ainsi que l'instruction criminelle croyaient-ils avoir donné le dernier mot de la législation répressive?

Non.

La liberté est souvent obligée de faire, pour sa conservation, dix fois plus d'arbitraire que ce qu'on est convenu d'appeler le despotisme.

Telle est la réflexion qui naît de l'examen de bon nombre de *titres* des Codes criminels.

Mais il est peut-être encore moins urgent de les radier que d'en maintenir la *stricte exécution*. Le danger actuel consiste principalement dans l'interprétation judaïque de leur texte, et dans ces règlements étranges qui viennent encore faire la mutilation.

Je les signale donc avec l'énergie d'un homme qui croit que le devoir de tout serviteur de la loi morale, est de faire respecter le droit chrétien outragé dans ses aspirations les plus nobles.

Implacable adversaire des *faux vertueux*, je les mets face à face avec leurs œuvres, me préoccupant très-peu de vous faire dire que ma plume est brillante et fleurie, j'essaye de dépeindre les choses navrantes que j'ai vues, mon opiniâtreté s'attaque aux vices radicaux, pour qu'on y apporte un prompt remède.

Voilà mon ambition, mon but.

Je vais finir ce chapitre en présentant quelques observations générales, et en faisant le récit abrégé de quelques-unes des misères que j'ai vues saigner sous le couteau préventif.

Après une prévention de cinq mois et neuf jours, un petit commerçant se vit condamner à deux mois d'emprisonnement comme coupable d'escroquerie dans une affaire de consignation.

N'ayant pu obtenir la liberté sous caution, son commerce dut crouler et sa femme, chargée de trois enfants, travaillait nuit et jour pour les nourrir... Enfin, succombant sous l'excès des maux, elle resta sur son lit...

Quel lit, grands dieux !... Le ménage si propre, si coquet, s'était abîmé dans ce gouffre de misères.. Le propriétaire avait gardé les gros meubles pour se payer, la laine des matelas avait été vendue livre par livre dans la boutique du revendeur... Il fallait du pain.

Les choses en étaient là quand le mari revint. Tout était anéanti; ses meubles, ses habits, avaient été se fondre dans les monts-de-piété et sous les piliers du Temple.

Il n'était pas possible de voir une maison plus nue, plus désolée que la sienne... Il fut quelques instants à se demander, si c'était bien sa famille et son logis qu'il retrouvait en cet état.

La malheureuse femme était méconnaissable; les enfants étaient hâves et décharnés...

Trois jours plus tard le corbillard des pauvres emportait une victime de la misère dont les dernières paroles avaient été une malédiction contre une loi inhumaine.

Amis du système préventif, saluez!

Une lettre, datée du faubourg Saint-Antoine, est plus éloquente encore dans son énergie.

C'est un pauvre ouvrier ébéniste qui s'est battu avec son patron : — Mets quelque chose en gage, écrit-il à sa femme. — Sont-ce mes cinq enfants qu'il faut que je porte? répond la malheureuse.

Expression terrible du dénûment qui hurle aux portes des cabinets du bâtiment neuf!...

Lecteur, qu'en dis-tu?

Parlerai-je encore des prévenus que l'ordonnance de *non-lieu* n'a rendus à la liberté *légale* que pour les faire passer aux cabanons de Charenton et de Bicêtre.

Les zélateurs du système pensylvien diront, en revanche, que les suicides sont maintenant peu nombreux dans le sombre Mazas. Depuis trois ans on dit que leur présence a été à peine constatée, mais la misère hideuse, épouvantable, elle se suit à la trace, cette misère-là donne aussi la mort.

Prévention, *noël* pour tes splendeurs !

Puis ce qui ne saurait être nié, c'est que l'état des incertitudes préventives, opère sur l'homme d'une façon dangereuse; elle le place entre la folie et l'abrutissement.

Quelle indignation ne témoignerez-vous pas en constatant des préventions cellulaires de plusieurs années.

Il est, dit-on, des exemples où la FIN JUSTIFIE CE MOYEN. La loi morale ne trouvera pas d'arguments suffisants pour le justifier !

Chrétiens, comprenez-vous cela ? Appellerez-vous de telles mesures une garantie sociale?

Non, mille fois non; et cependant, je comprends que cela existe, et que le système préventif ait encore de nombreux zélateurs.

La torture n'avait-elle pas les siens? Elle faisait partie de l'instruction criminelle d'alors, et des magistrats dont les noms sont encore vénérés aujourd'hui, la firent appliquer devant eux. L'habitude leur faisait considérer cette barbarie comme un moyen *d'instruire!*

Qui, à cette époque, eût osé décrier la torture et dire que le juge n'avait pas le droit d'expérimenter ainsi en brisant les os et en déchirant les chairs ?

Celui qui l'eût fait eût payé sévèrement son audace. — Toucher à la torture, à la roue! et au prestige des mutilations du bourreau eût été considéré comme une attaque dirigée contre l'*Arche sainte* de ceux qui appliquent les lois.

Le président Lamoignon lui-même, malgré les paroles de doute où s'exhala cette sanglante raillerie adressée par lui à l'instruction faite par le juge criminel, eût été horrifié d'en entendre médire en public.

Puis l'homme investi d'un pouvoir fera des efforts désespérés pour ne pas l'abandonner.

L'homme est heureux de peser, de toute la supériorité de ses priviléges, sur son semblable et de faire parade de sa puissance.

Il en abuse sans le savoir.. Cruel à son insu, il veut que la barbarie se perpétue... La vieille routine lui fait croire qu'elle est une nécessité de salut public.

Depuis longtemps aussi, les esprits forts se sont faits irréligieux ; les prescriptions de la foi des apôtres se sont glacées sous les imprudentes théories de ce qu'ils appellent leur science positive, les garanties de la loi morale ont baissé.

La science positive a fait *un sujet* de chaque être confié à son expérimentation ; la méthode remplace le cœur : la loi morale a fait défaut..

La méthode aujourd'hui semble avoir fait une concession pour certaines préventions qui ne durent que trois ou quatre jours, — car, par un mode nouveau, on fait juger immédiatement les petits délinquants.

C'est un avantage dont nous parlerons sobrement, en nous réservant plus tard d'indiquer le vice qui y est adhérent, et qu'on y a peut-être laissé à dessein. Notre assentiment n'est pas donné à cette exécution rapide. — Nous demandons que le prévenu ait les moyens de se défendre sérieusement, que le temps et la liberté lui soient donnés afin qu'il ne puisse être ni entravé ni surpris.

Ces théories sont celles du droit chrétien. Peut-être, dans quelques années, s'étonnera-t-on qu'on ait été obligé de les discuter. — On aura sans doute plus de peine à croire encore qu'après une erreur reconnue, la loi si réparatrice, si attentive pour sauvegarder les moindres intérêts matériels, n'ait pas pensé, en l'an de gloire 1863, à réparer, dans l'étendue de ses moyens, les mutilations de l'erreur.

La partie civile sera tenue d'indemniser celui qu'elle aura poursuivi par suite d'une conviction mal fondée. — L'homme acquitté peut user de l'action civile contre celui qui, de bonne foi, l'a accusé d'une action qu'il n'avait pas commise.

Si c'est la sagesse du représentant de la vindicte publique, la société qu'il représente ne devra aucune indemnité pour la misère qu'elle aura creusée?... Etrange raisonnement!

Nous irions trop loin sur ce sujet, si nous en devions déduire les conséquences; mais nous croyons pouvoir assurer que si l'Etat réparait les maux causés par les préventions injustes, l'injustice aurait moins de place là où le Trésor serait intéressé à ne la pas laisser passer.

Quelques mots peuvent être encore dits sur la moralité de la mesure que nous attaquons.

Après avoir constaté cette ardente persévérance de l'instruction dans la poursuite de ce qu'elle croit être le délit; que fait-elle quand il lui a été démontré qu'elle s'est lancée dans une voie fausse?

Elle s'empresse de reconnaître son erreur, et de faire élargir le malheureux qu'elle a privé de sa liberté.

Que non pas. Elle continue à procéder avec sa lenteur systématique. Les pièces sont remises lentement au parquet, à la chambre du conseil; le prévenu sait quinze jours avant sa libération qu'on n'a rien trouvé qui fût à sa charge.

Il semble pendant ce temps que le criminaliste

désappointé soupire en regrettant la proie qui échappe à son ardeur répressive.

La même lenteur se produit au moment de la levée de l'écrou; les pièces arrivent, la libération n'a lieu que trois ou quatre jours plus tard.

L'homme que vous avez ainsi retenu sans cause pendant plusieurs mois sort enfin de la prison. La prévoyance de l'administration lui donne un demi-pain et elle le jette hors de ses murs avec la même brutalité dont elle a usé pour l'y faire entrer.

O tendre sollicitude !

Les habits et les souliers de l'ex-prévenu se sont usés... qu'importe !

Ses ressources se sont épuisées, sa maison est dévastée, son emploi est perdu, comment fera-t-il pour attendre une occupation ? Qu'importe encore. Le principe agissant de la garantie générale eût dépensé sans hésiter une somme énorme pour se fournir les joies de la répression d'un acte blâmable; mais cette même garantie refusera la plus mince assistance à celui qu'elle aura dépouillé, dont elle aura détruit l'équilibre, et qu'elle aura peut-être fatalement poussé dans la voie du délit et du crime en le livrant au dénûment.

Reconnaissons donc que notre société poursuit ceux qui pratiquent le vice, mais qu'elle se garde bien de fournir les moyens de l'éviter.

Pourquoi? Parce que la loi morale est méconnue, que l'enseignement du droit chrétien n'est fait nulle part, et que le souffle glacial de l'égoïsme a fait des sceptiques là où nous devrions trouver des apôtres de la charité!

La société, au nom de sa sûreté, opprime l'individu, et si elle le ruine par erreur, elle ne l'indemnise pas.

L'homme isolé qui ferait le moindre tort à cette même société serait obligé de la dédommager à usure.

Voilà la moralité du système préventif.

Dans cet état préventif, il y a encore des choses énormes, monstrueuses, que nous signalerons en passant.

L'homme malade qui meurt dans ces affreuses cellules que Mazas impose, même aux moribonds!

Voyez-vous ce malheureux prévenu qui râle loin des siens et va rendre son âme à Dieu! Sa famille pleure au guichet, un de ses plus proches parents pourra, seulement aux jours des visites, s'approcher de son lit. Il est condamné à mourir seul; après la mort l'instruction permettra que la famille emporte le cadavre... si elle peut payer le droit de fosse.

Garantie sociale... salut!

Quand il arrive de bien réfléchir au règlement de la maison de Mazas, il semble qu'il ait été écrit sous la dictée du bourreau ! Non, il n'est pas possible que S. E. le Ministre connaisse ces hideux détails ; non, les administrateurs de la haute direction répressive ne savent pas toutes ces choses. Ils sont nobles et généreux... s'ils connaissaient la vérité, les abus et les mesures anti-chrétiennes disparaîtraient.

Délateur équitable, j'écris donc pour qu'ils n'ignorent pas plus longtemps un état aussi désastreux, et j'espère qu'il y sera apporté un prompt remède.

Terminons cette émission de faits sur la détention préventive par une raison de loi morale, dont nous empruntons la forme à l'auteur anglais, Charles Dickens.

L'ignorance trouve partout des juges pour la punir, et nulle part des maîtres pour l'instruire. La geôle est toujours ouverte, et la potence toujours dressée pour des milliers de malheureux, nés dans une situation qui les a faits coupables dès le berceau. — D'autres, en revanche, favorisés par leur éducation et leur fortune, ont été mis sur une si bonne voie qu'ils ne peuvent s'y égarer malgré leurs vices. Ce sont ordinairement ceux-là qui détournent les yeux avec le plus de mépris du malheureux frappé fatalement par une loi dont il ne pouvait pas éviter la répression.

Qu'il fait mal à penser, combien par le monde qui se dit civilisé, il y a de misères, d'injustices, d'iniquités qui passent en franchise, sans que les plus vertueux pensent à s'émouvoir, et songent à guérir ou à réformer le mal.

L'INSTRUCTION CORRECTIONNELLE

ET CRIMINELLE

Bien des faits caractéristiques de cette instruction ont trouvé place dans notre chapitre relatif à la détention préventive, nous ferons donc en sorte de nous répéter le moins possible ; mais comme nous avons chose jugée sur divers points de la doctrine que nous professons, nos précédents nous suivront à travers les faits que nous allons signaler, et nous prendrons pour base de nos démonstrations l'opinion que nous avons déjà formulée, qui va se retrouver étayée de nouvelles preuves.

Il y aura cette différence entre la question que nous allons aborder et celle que nous avons traitée.

La première pouvait être envisagée sous deux aspects, celle que nous prenons n'en peut avoir qu'un. Si elle prenait un autre caractère, elle serait évidemment faussée.

L'instruction ne peut être que la recherche de la vérité, et non la recherche du délit.

Le juge d'instruction qui instruira seulement *contre le prévenu* faussera l'esprit de la loi et l'esprit d'équité.

Ce que nous allons démontrer, c'est que l'erreur vicie trop souvent l'instruction criminelle; nous allons en faire ressortir l'évidence et nous commencerons notre œuvre en empruntant quelques lignes à un de nos plus célèbres jurisconsultes, qui nous aidera à prouver l'insuffisance des garanties accordées aux prévenus correctionnels.

A la page 762 du *Dictionnaire de Droit,* publié en 1840 par M. Achille Morin, l'auteur dit :

« Le Code d'instruction criminelle, qui a si » scrupuleusement pourvu aux intérêts de la dé- » fense en cour d'assises, se borne à disposer, » pour la défense devant la juridiction correc- » tionnelle, que le prévenu sera interrogé, que le » prévenu et les personnes civilement respon- » sables proposeront leurs défenses et qu'ils pour- » ront répliquer.

» Ainsi, les parties peuvent avoir un défenseur, » mais la loi n'exige pas qu'il en soit donné d'of- » fice au prévenu qui n'en a point. — Jugé même » que le défenseur ne peut être choisi que parmi

» les avocats, sans exception, ou les avoués du
» tribunal, et que l'article 295, qui admet les
» parents et amis, n'est pas applicable à la juri-
» diction correctionnelle.

» Ainsi l'interrogatoire, qui a toujours été con-
» sidéré comme un moyen de défense autant que
» comme un élément de preuve pour l'accusation,
» est bien exigé, mais non à peine de nullité, et
» la Cour de cassation a jugé qu'il ne pouvait être
» réputé substantiel.

» Ainsi, un délai a été donné au prévenu pour
» préparer ses moyens de défense ; mais le tribu-
» nal correctionnel est juge souverain de l'oppor-
» tunité de la prolongation de ce délai réclamée
» par le prévenu pour réunir et coordonner les
» éléments de la défense qu'il prépare, ou pour
» appeler des témoins.

» La loi reconnaît au prévenu le droit de parler
» le dernier, mais ce n'est qu'une faculté dont il
» peut ne pas vouloir user et à laquelle il y a re-
» nonciation présumée, par cela que le prévenu
» a gardé le silence.

» Enfin, l'audition des témoins régulièrement
» appelés par le prévenu, qui ne pouvait être re-
» fusée sous le Code de brumaire an IV, est facul-
» tative aujourd'hui pour le juge correctionnel
» comme pour le juge de police. »

A ces remarques qui, dans la bouche d'un homme aussi éminent que M. A. Morin, ne sont autre chose qu'un blâme sévère, nous allons ajouter une série compacte de considérations qui leur donneront une nouvelle force, car nous devons ajouter que si les prescriptions du Code d'instruction criminelle lui paraissent insuffisantes pour garantir le prévenu, ces mêmes prescriptions oubliées dans la *pratique* et dans le *règlement,* semblent annihiler la défense, dont elle paralyse les mouvements et l'intelligence.

On ne saurait dissimuler que toutes les fois qu'un homme se présente devant le magistrat chargé d'instruire, tout semble vouloir faire admettre qu'il y a matériellement *prévention* à son égard. La masse des indifférents ne doute pas un seul instant de ce principe erroné :

Qui n'est pas compromis n'est pas appelé à se justifier d'un méfait.

L'instruction semble donner une sanction à ce dangereux argument, car elle est faite au point de vue de la culpabilité.

Elle voit presque systématiquement partout un coupable, ou du moins elle recherche d'abord la preuve des faits délictueux, sans se préoccuper de savoir si celle des faits justificatifs que le prévenu allègue ne la conduirait pas plus vite à la connaissance de la vérité.

L'interrogatoire, au lieu de laisser au prévenu toutes les ressources d'une défense que rien n'entrave, semble fait pour le pousser à fournir des armes qui doivent tourner contre lui.

On lui demande d'articuler des faits qui se sont effacés de son souvenir ou qui doivent s'y reproduire d'une façon confuse; on lui dit de préciser ses dires.

Il semble à l'instruction que la mémoire du prévenu ne doit jamais être fugitive et que la présence d'esprit ne doit jamais lui faire défaut.

L'instruction étudie au moyen de pièces réunies, et si l'erreur se glisse dans les réponses du prévenu, il en subit les conséquences néfastes.

L'instruction possède une force qui peut avoir ses dangers; tous les éléments sont sous sa main, toutes les pièces sont à son dossier; elle les consulte en questionnant le prévenu, qui ne peut pas même être assisté pendant l'interrogatoire par son conseil, afin de pouvoir se garantir contre les subtilités de certaines demandes.

Au lieu de laisser à l'homme la plénitude de son action, l'instruction criminelle semble vouloir l'envelopper dans des réseaux inextricables, comme si elle était convaincue que tous ceux qu'elle interroge, sont coupables des faits qui leur sont reprochés.

S'agit-il d'une correspondance? Si un mot à double entente s'y rencontre, c'est l'interprétation favorable à l'accusation qui lui est assignée. Pour peu que les explications du prévenu se ressentent de l'embarras qu'éprouvent ceux qui sont faciles à intimider, les convictions de l'instruction ne tardent pas à s'établir.

Il est cependant bien difficile de répondre à souhait au juge instructeur; car dans les affaires qui se justifient par des pièces comptables, toutes ces pièces saisies et conservées par l'instruction qui les compulse, font défaut à celui qu'on interroge, il lui est impossible de s'armer des éléments justificatifs qui se trouvent dans le dossier que tient le magistrat.

Un danger plus grand encore est celui qui résulte des notes fournies à l'instruction.

Si un procès-verbal, émanant d'un bureau de police, forme la base de l'accusation, il devient à craindre que le commissaire de police ne l'ait pas rédigé lui-même, et n'ait chargé son secrétaire de faire l'enquête.

Cette enquête peut avoir été maladroitement faite, par des agents inhabiles ou malveillants;

l'officier de police ayant signé le tout de confiance, le magistrat accepte le procès-verbal dans les mêmes conditions.

Souvent aussi le casier judiciaire lui fournit des notes qui sont erronées, ou qui n'appartiennent pas à celui auquel on les applique.

Comme elles ne sont pas communiquées au prévenu, bien qu'elles l'accompagnent à l'audience, elles lui causent un nouveau préjudice en influant d'une façon néfaste sur l'opinion des juges.

Pour combattre cette défaveur, il faudrait que le prévenu pût en connaître la cause, il faudrait qu'il pût prendre communication du dossier, et cette faculté n'est accordée qu'à ceux qui ont acquis l'assistance d'un avocat.

Ce danger se produit donc à l'audience, et il continue les errements de l'instruction qui, consultant de fausses notes, a pris une opinion qui se fût traduite d'une autre façon, si les notes occultes eussent été d'une autre nature.

Les mauvaises notes ont déterminé le maintien de la détention préventive, le juge instructeur, les a cru exactes et ainsi, sa conviction s'est formée sur la garantie des pièces qu'il n'a pas communiquées à l'accusé.

Dangereuse théorie ! dangereuse pratique.

Conformément à l'esprit de justice de la loi morale, il apparaît encore que l'accusation doit faire ses preuves contre le prévenu.

Il n'en est cependant pas ainsi, il faut souvent que le prévenu prouve qu'il n'est pas l'auteur du fait incriminé, et l'instruction qui n'a rien ménagé pour la recherche du délit, ne l'assiste en aucune façon dans les efforts qu'il fait pour rassembler les éléments de sa justification.

Voilà quels sont les fâcheux errements qu peuvent paralyser l'action lucide de la justice, dans les causes d'une importance peu considérable.

Celles d'un ordre plus élevé sont-elles à l'abri de ces mêmes dangers?

Pour qui serait tenté de le croire, nous devons constater l'erreur... La sécurité n'est pas plus grande dans l'instruction des affaires importantes, elles ne font que présenter quelques difficultés de plus.

Etudions alors ce vice de la procédure, afin de constater que dans ses errements *par en haut* comme *par en bas*, la garantie fait défaut; avec cette seule différence que le danger se présente sous des aspects différents. Partout, toujours la loi préventive vient peser comme un élément de contrainte à l'exclusion de tout esprit de protectorat.

Abordons le détail en suivant l'instruction dans ses œuvres.

Dans la série des délits commerciaux, il en est de si peu caractéristiques, de tellement contestables, que le juge incertain doit s'aider des lumières d'un expert nommé par lui, dont les connaissances spéciales doivent venir en aide à l'insuffisance de ses notions.

L'expert assermenté fait donc une partie de la besogne du magistrat; il vérifie, expertise, suivant les besoins; mais, chose étrange, ses opérations ne sont pas faites en présence des parties accusées, et un arrêt de la cour suprême a régularisé cette façon de procéder, tout à fait contraire aux usages de la matière civile.

La Cour, dans ses considérants, a motivé l'exception qu'elle admettait, par l'appréciation qu'elle fait de l'œuvre de l'expert qu'elle ne considère que comme simple renseignement.

La pratique a démontré victorieusement depuis quelques années que c'est d'une toute autre façon que l'instruction et les tribunaux correctionnels, comprennent l'expertise, où *l'expert est en fait l'arbitre du sort du prévenu.* Peut-il en être autrement, puisque les pièces compulsées par l'expert *et ses commis* sont des monuments calligraphiques inextricables, dont les hommes spéciaux peuvent seuls constater la régularité ou l'irrégularité; puis encore, pour les hommes spéciaux eux-mêmes, il faut l'explication du mécanisme des opérations qu'ils sont appelés à contrôler.

Cette explication ne peut être donnée que par celui qui a été l'âme de la comptabilité; qu'importe, l'expert sait tout. Mais là ne s'arrête pas sa mission, — sa tâche ne comporte pas seulement la vérification de la régularité des pièces comptables, il est encore appelé à émettre son opinion pour édifier les magistrats sur telle habitude commerciale, telle nature d'opération.

Il donnera son avis, qui la fera reconnaître loyale et marchande ou délictueuse.

Pour arriver à ce résultat si capital, l'expert a fonctionné seul, se fiant à ses inspirations et à ses lumières requises pour les besoins de l'instruction, et suivant comme elle ce principe : *rechercher la fraude.*

Rappelez-vous que, dans toute enquête, dirigée pour les besoins de l'accusation, rien n'a été fait en présence de la partie incriminée; rendez-vous compte d'une telle façon d'expertiser, dites enfin si elle peut être considérée comme sérieuse. Nous disons, nous, que c'est une menace incessante pour tous ceux que leurs opérations peuvent mettre en discussion d'intérêts avec ceux qui négocient sur le grand marché de la spéculation.

Il nous sera facile de prouver qu'avec ce mécanisme légal la sécurité commerciale n'existera bientôt plus, la liberté individuelle, menacée à chaque pas, devient une hyperbole .

Pour définir cette situation si dangereuse pour tous, nous prendrons l'exemple matériel de l'instruction du procès intenté aux époux Londynski et Lemetais, et celui de notre prévention qui dura SIX MOIS à l'occasion de cette même affaire.

La brutalité des faits parlera plus haut que toutes les protestations, et nous ne doutons pas que la sagesse de ceux auxquels nous soumettons notre humble supplique ne la prennent en considération, et y fassent bientôt droit.

Nous espérons donc voir bientôt rendre hommage à la justice et à l'humanité, par la radiation d'une barbarie légale indigne du grand règne dont les transformations géantes ont fait du Paris-Napoléon une merveille qui témoignera dans les siècles futurs de la puissance du génie organisateur qui termina le Louvre et ferma l'ère des révolutions.

HISTORIQUE DES FAITS

RELATIFS AU PROCÈS

CONTRE LUDOVIC LONDYNSKI ET AUTRES

Il y a environ sept ans, M. Ludovic Londynski, pauvre *apprenti* médecin, était appelé à donner des soins à une princesse russe, fille de l'ex-gouverneur général de la Pologne ; et les heureux résultats dus à son intelligence médicale le rendirent bientôt l'indispensable conseiller de sa cliente.

Nous dirons que M. Londynski et la princesse de Wonkonski ayant à peu près la même nationalité, cette circonstance dut évidemment influer sur leurs bonnes relations.

Bientôt on entendit dire que, grâce aux puissantes sollicitations de sa compatriote, le *docteur* venait d'obtenir la levée du séquestre de ses propriétés et le retrait de la proscription qui le frappait, comme émigré compromis à la suite des troubles de la Hongrie.

La confirmation de ces bruits fut bientôt établie, car M. Londynski dont les dépenses avaient jusque-là été modestes, eut bientôt une maison des plus confortables ; il parut à la Bourse, et le bruit courut sur l'arène financière qu'il disposait de sommes considérables.

M. Pélin qui, avant cette époque, l'avait connu d'une façon assez intime, le perdit de vue au milieu du tourbillon de ses splendeurs.

Elles durèrent depuis 1858 jusqu'en 1861; M. Londynski, devenu spéculateur, avait cessé d'exercer la médecine, pour se livrer aux opérations commerciales et à l'administration des biens de la princesse, *seule cliente* dont médicalement il se chargeait encore.

Ce fut d'après les conseils de *son docteur* (la princesse appelait toujours ainsi M. Londynski), que l'hôtel de la rue de Labaume fut agrandi par un achat de terrains sur lesquels l'architecte Constantin construisit de nouveaux bâtiments.

Quant à M. Londynski, il n'avait qu'un petit logement confortable, rue de Rumfort, et une écurie rue de la Ville-l'Évêque; mais il fit bâtir au Vésinet, pour madame Thérèse Piérard, sa femme, une maison de plaisance, où elle habita par suite de *conventions amiables.*

Madame la princesse de Wolkonski justifie avoir remis à M. Londynski, pendant la période de 1857 à 1861, différentes sommes s'élevant à plus de 1,700,000 fr.

D'autre part, M. Londynski a reçu 66,000 roubles de madame la princesse Labanooff, laquelle somme valeur en compte sur un prêt de 200,000 roubles qu'elle lui a consenti par acte unilatéral écrit en entier de sa main (nous avons vu cet acte); l'argent était productif d'intérêts à sept pour cent l'an.

Quant aux prêts de madame la princesse Wolkonski, nous n'avons jamais vu les traités, et c'est seulement par ce qui nous a été dit par MM. Lemetais et Londynski que nous avons connu un *seul* prêt d'environ 600,000 fr., fait pour dix ans, productif d'intérêt à 15 0/0 l'an, *laquelle somme provenant d'une vente d'actions de chemins de fer russes, remises pour valoir espèces* : plus différents prêts du Mont-de-Piété faits sur des brillants (1).

(1) Depuis plus de trois ans des diamants de la princesse avaient été engagés pour des sommes qui ont varié de soixante à cent mille francs.

Elle était débitée pour cent vingt mille francs sur les livres de la maison de banque. Cette situation, connue de tous les employés,

Malgré l'abondance des sommes que nous venons de mentionner, la fin de 1861 trouva la maison de banque Lemetais et Londynski excessivement gênée. M. Londynski, après avoir mené la vie *aux grandes guides*, se trouva personnellement criblé de petites dettes et dans l'impossibilité de payer les intérêts des capitaux qu'il avait empruntés.

Il faut dire, pour sa justification, qu'il avait été largement exploité dans toutes ses entreprises; ceux qui l'entouraient étaient d'une incapacité commerciale au-dessus de toute évaluation.

Il avait aussi compté sur le versement des fonds promis par madame la princesse Labanooff : l'inexécution de cette promesse le mettait aux abois; cependant il assurait pouvoir, par ses seules ressources, relever la situation, il ne lui fallait qu'un peu de temps et une bonne administration. Ce fut dans ces conditions qu'il offrit à M. G. Pélin, de se mettre à la tête de son administration privée, en attendant le contentieux général de toutes ses opérations.

M. Pélin accepta la position *provisoire* dont il s'agit, comme employé à l'année. Il entra régulièrement en fonction le 1er octobre 1861.

était loin de faire croire que M. Londynski pût lui devoir autre chose que le prêt des actions.

Il faut remarquer qu'à cette date M. G. Pélin ne connaissait ni de loin ni de près les princesses Wolkonski et Labanooff, qui, de leur côté, ignoraient qu'il y eût à Paris ou ailleurs un homme portant ce nom.

Cependant M. Pélin avait été le mandataire direct de la princesse pour quelques actes de procédure, et il le fut encore en 1862, dans trois conflits de peu d'importance; à cette occasion elle lui fit remettre ses pouvoirs par Rhumann, homme de confiance à son service, *autant* qu'à celui de M. Londynski; alors elle écrivit une fois à M. Pélin.

Dès les premiers jours de l'occupation de l'un des bureaux de la rue Richer par M. Pélin, il put constater la maladroite administration qu'il avait pressentie, et malgré qu'il lui fût interdit de toucher aux livres de MM. Lemetais et Londynski Fabart et Ce, il ne lui resta aucun doute sur le péril imminent qui les menaçait tous.

Par suite des conseils qu'il donna, la liquidation des opérations de la maison de banque Lemetais et Londynski fut commencée.

La liquidation de la maison Lemetais et Londynski n'amena que des rentrées insignifiantes : elle avait à enregistrer un désastre à toutes ses opérations; ce qui provint des faibles recouvrements qu'elle fit, fut affecté à la maison Fabart et Cᵉ sur laquelle on fonda toutes les espérances d'avenir.

La société Lemetais et Londynski ne pouvant venir en aide aux affaires particulières de M. Londynski, il devint si embarrassé pécuniairement, qu'il fut obligé de prendre des passe-ports pour la Pologne et la Russie, où il annonça qu'il allait liquider différents droits, et recourir à l'obligeance d'un de ses oncles.

Il partit donc laissant à M. G. Pélin des pouvoirs étendus et *réguliers* pour administrer en son absence, tant en son nom, qu'en celui de madame Thérèse Piérard, sa femme.

Il promit en partant d'expédier, aussitôt son arrivée, les sommes nécessaires aux besoins impérieux de la situation; et, en dehors des affaires de *son bureau* qui regardaient spécialement M. Pélin, il laissait au sieur Rhumann, *l'officieux dont nous avons déjà parlé*, le soin de veiller à ses intérêts près de la princesse, et aux affaires de l'hôtel de la rue de Labaume.

M. Londynski arrivé à Moscou et Saint-Pétersbourg, n'écrivit pas à M. Pélin; mais il envoya à Rhumann des sommes de peu d'importance. Il en fut remis une partie à M. Pélin qui *paya sur-le-champ*, suivant les ordres formels qu'il *reçut.*

Cet état de pénurie ne pouvait se prolonger sans danger, et la princesse, engagée dans des procès civils qu'elle était à la veille de perdre en dernier ressort, était sous le coup d'une menace incessante dont elle ne voyait sans doute pas tout le péril.

M. Pélin écrivit à M. Londynski en le priant de réfléchir à la situation, et il lui observa que bien que la princesse pût être débitée de fortes sommes, il était impossible de l'abandonner dans cette heure de crise.

M. Londynski expédia alors trois lettres (*les seules que reçut M. Pélin*), qui, à des dates rapprochées, témoignent de son désespoir.

On remarque cette phrase : *Vous ne savez pas tout mon malheur; par ma maladresse, j'ai ruiné cette malheureuse femme.*

Pour éviter de plus grands désordres, M. G. Pélin essaye de prévenir la princesse ; mais *elle n'est abordable que pour ses familiers*. Elle ne lit pas ce qu'on lui écrit.

Dans cette situation, il s'adresse à une personne qui a ses entrées près d'elle ; il lui dit quelles sont ses craintes, cette personne intervient en donnant l'éveil sur la situation.

D'autre part, *dit-on*, M. Londynski, par sa correspondance ou par l'intermédiaire de l'officieux

Rhumann, essayait d'obtenir une garantie de deux ou trois cent mille francs.

Le 19 juillet 1862, la princesse de Wolkonski appelle M. G. Pélin près d'elle, et, de une heure à trois, une conférence animée a lieu. Toute la position est mise à nu. La princesse paraît foudroyée; elle pleure et se refuse à croire que Lemetais n'ait pas des millions en caisse. Elle semble vouloir forcer M. Pélin à lui attester la moralité et la solvabilité de Lemetais et Londynski; elle paraît vouloir nier l'évidence et n'attendre qu'un encouragement pour donner sa garantie pour un emprunt; M. Pélin persiste dans la voie de la vérité brutale.

La princesse dit alors qu'elle va se renseigner, et donne un autre rendez-vous pour le surlendemain.

M. Pélin revient à l'heure indiquée; madame la princesse lui dit qu'elle est rassurée, que le danger n'est pas ce qu'il croit; elle le prie cependant de voir Me C..., son notaire, qu'elle charge de surveiller ses intérêts, et de lui donner les renseignements dont il aura besoin.

Me C... et M. Pélin conférèrent plusieurs fois ensemble, sur la situation, telle qu'on la croyait connaître.

Ce fut ainsi que l'on sut que 1,700,000 francs

étaient réclamés par madame de Wolkonski; mais il résultait encore dans ce chiffre, et de sa nature même que M. Londynski avait reçu ces valeurs à titre de prêt sans qu'il en ressortît aucune fraude matérielle ou abus de confiance. Il avait mal spéculé, il était incapable.

Quant au côté moral, il n'appartenait pas à M. Pélin d'en juger.

Il se mit à la disposition de Me C... pour aider au droit et à la justice et en faisant le compte des sommes dépensées, afin que madame deWolkonski en pût recueillir les épaves, ce que du reste il croyait être l'intention de Londynski.

Depuis le 21 juillet, la princesse ne vit plus M. Pélin; mais elle vit encore Rhumann; puis, en dehors des soins de son notaire, elle fit agir ses amis, comme si un complot avait été ourdi contre sa personne; M. le préfet de police eut une conférence de deux heures à l'hôtel de la rue de Labaume. Les cris de détresse retentirent jusqu'aux pieds du trône.

L'homme de confiance Rhumann quittait alors Paris pour des motifs qu'il devait connaître.

Il disait aussi n'avoir pas de nouvelles de son maître depuis plus de dix jours. De son côté, madame Londynski aux abois, sans nouvelles et sans argent, priait M. Pélin de lui vendre une berline et un droski, du produit desquels elle comptait payer ses domestiques et l'arriéré de la pension de sa fille. A cet effet, les voitures furent remisées à l'hôtel du Plat d'Etain, rue Saint-Martin.

Le 5 août arriva sans autres événements, et le matin de ce jour M. Pélin reçut un télégramme sous la rubrique de Londres et signé Rhumann, par lequel il était invité à venir de suite.

M. Pélin crut devoir prévenir Me C..., et, le matin de ce jour, il se rendit deux fois à son étude sans pouvoir le rencontrer.

Il annonça qu'il y reviendrait à quatre heures; puis, en faisant ses courses, il passa, ainsi qu'il le devait faire, au bureau de la rue Richer, pour y voir si quelques lettres ne seraient pas arrivées.

Il était deux heures quand M. Pélin entra, la maison était envahie par les agents de l'autorité qui faisaient une perquisition en vertu d'un mandat de justice.

Interrogé sur sa qualité, il fut arrêté comme employé de la maison; le télégramme qu'il avait et les pouvoirs qui justifiaient sa position de mandataire régulier furent saisis.

M. Lemetais fut interrogé séance tenante et conduit à Mazas.

MM. Pélin et Fabart furent envoyés (par simple mesure de sûreté et sans qu'il y eût mandat) à la maison du dépôt de la Préfecture.

Le 7 août, M. Rabut, commissaire aux délégations judiciaires, vint les chercher et fit perquisition à leur domicile ; il y prit tous les papiers qu'il crut relatifs à M. Londynski.

Le samedi 9 août, à sept heures du soir, M. Pélin fut conduit devant M. le juge d'instruction qui procéda ainsi en ouvrant son interrogatoire :

D. —Vous êtes accusé, et il résulte de la correspondance, que vous vous êtes rendu complice des délits reprochés à Londynski ?

R. — Il résulte au contraire de la correspondance que je suis tout à fait étranger aux délits que M. Londynski a PU *commettre*.

J'ai été employé chez M. Londynski pour des actes réguliers et honnêtes ; et, en ce qui concerne ses pouvoirs, je ne m'en suis pas servi.

D'autres questions lui furent faites tout en dehors de l'accusation ; elle ne furent pas consignées au procès-verbal.

On lui demanda aussi son opinion sur MM. Lemetais et Fabart ; il la donna.

Après lui avoir fait signer ce petit interrogatoire, le juge dit à M. Pélin :

— Vous allez rentrer chez vous et vous éloigner de cette affaire où vous serez appelé comme témoin.

Il fut donc relaxé, et M. Fabart, interrogé après lui, le fut également.

M. Pélin rentra à son domicile dont il était absent depuis cinq jours, et il eut immédiatement à répondre, pour des affaires personnelles à madame Londynski, arrêtée et détenue à Saint-Lazare.

Les domestiques du Vésinet réclamaient leurs salaires et leurs aliments.

M. Pélin ne pouvait laisser les choses en cette situation, il se décida à voir M. Rabut, commissaire de police aux délégations, judiciaires qui avait opéré la saisie des papiers.—Il lui porta deux pièces utiles au procès et lui demanda conseil.

M. Rabut lui dit alors que le juge d'instruction était M. Daniel ; mais que Me C..., notaire, était chargé des intérêts matériels ; il l'engagea donc à le voir.

Suivant cet avis, M. Pélin se rendit chez ce notaire, qu'il trouva en compagnie du principal de l'étude, de M. Guidou, avoué de la princesse.

Ces messieurs l'engagèrent à venir avec eux au cabinet de M. Daniel.

Ils s'y rendirent ensemble, et ils trouvèrent ce magistrat tout exaspéré. Il fit signe à M. Pélin de ne pas entrer.

Quelques minutes plus tard, Me C... sortait pour dire à M. Pélin :

— N'entrez pas, il est furieux, il nous a menacés ; il serait dans le cas de vous faire arrêter.

Il l'engagea donc à ne venir que si on le faisait appeler.

Le lendemain, M. Pélin chercha le notaire pour savoir la cause des fureurs de M. Daniel, mais il ne le rencontra point.

Le surlendemain 13 août, M. Pélin était arrêté à son domicile, en vertu d'un mandat d'amener signé Daniel. A 9 heures, il était écroué au dépôt de la Préfecture.

Aussitôt il écrivait au juge d'instruction, en le priant de l'interroger, et en lui faisant savoir qu'étant assigné à comparaître le lendemain, 14 août 1862, pour répondre à une accusation de délit de presse, il le priait de le mettre à même de se présenter devant la sixième chambre.

Même demande fut adressée par M. Pélin à M. le directeur de la prison de dépôt.

Le lendemain, à huit heures, la réponse de M. Daniel arrivait. *Il n'interrogeait pas M. Pélin et il l'empêchait de répondre à l'assignation qu'il avait reçue,* en le faisant conduire à Mazas en vertu d'un mandat de dépôt.

La sixième chambre condamna par défaut M. Pélin, rédacteur-gérant du journal *le Haro,* à un an de prison.

Un peu plus tard, M. Pélin ayant écrit à madame la princesse Wolkonski une lettre dans laquelle il la sommait au nom de la vérité et de la justice de lui fournir une attestation de ce qu'elle savait qu'il ne pouvait être à son préjudice complice de M. Londynski, la priait également de lui payer 150 francs qu'il avait avancés pour son compte à un sculpteur nommé Girard Leroux.

La princesse scandalisée de la fermeté du style de sa juste réclamation, cria au scandale près du juge, qui mit M. Pélin au secret, de telle façon que ses lettres passant par le cabinet de l'instruction mettaient de trois à cinq jours à lui parvenir, et que le docteur, qui lui avait accordé une cellule double, ne put faire réaliser sa prescription.

Le secret dura jusqu'au 1er octobre, époque à laquelle on signifia qu'il était levé.

Avant cette époque, on avait signifié à M. Pélin sa condamnation de défaut pour délit de presse, et il y avait fait opposition. — Il avait également protesté cinq fois contre une prévention *sans preuves, sans commencement de preuves,* oublieuse des prescriptions des articles 93 et 94 du Code d'Instruction criminelle.

Le 25 septembre 1862, M. Pélin sortit de Mazas dans la voiture cellulaire, et fut amené sur le banc des prévenus détenus, par-devant MM. les présidents et juges de la sixième chambre. Il protesta devant eux une sixième fois.

M. le président Boudet répondit que la voie de *prise à partie* lui était ouverte, mais que le tribunal chargé de statuer sur l'affaire du journal le HARO, n'avait à se préoccuper que du délit de presse.

Les plaidoiries suivirent cet incident, et la condamnation fut réduite à trois mois, mais le journal fut supprimé.

Cette affaire eut cela de remarquable, le prévenu était sur le banc des détenus, fait sans précédent jusqu'à ce jour.

Après sa condamnation, M. Pélin dut attendre vingt jours, avant d'obtenir son tranfèrement à Sainte-Pélagie, où les recommandations spéciales de l'instruction lui firent interdire le pavillon de la presse. Par la même raison, les permis de communiquer furent refusés pendant un mois, sauf à Madame Pélin qui eut toujours sa permission.

Cependant, grâce à l'obligeance de M. le préfet, quelques personnes furent autorisées à le voir jusqu'au 24 décembre, époque à laquelle la prudente sagesse de l'instruction le fit reconduire à Mazas.

Pendant son séjour à Sainte-Pélagie M. Pélin proteste continuellement et porte trois plaintes en abus de pouvoir contre le juge d'instruction, les deux dernières sont adressées en même temps à S. Exc. M. le garde des sceaux et M. le procureur général, elles datent du 18 décembre.

Avant ces plaintes, il avait protesté, huit fois près de M. le procureur impérial en se disant victime d'un abus de pouvoir résultant de l'oubli des prescriptions des *articles 39, 93 et 94 du Code d'Instruction criminelle.*

Dans deux notes relatives à ces protestations, on répondit à M. le directeur de Sainte-Pélagie que la réclamation était fausse : Pélin avait été interrogé le 19 août.

Cherchez où est l'affirmation morale ou bien de quel côté se trouve l'erreur, nous ne dirons rien de plus.

Qualifiera et conclura qui en aura le courage, nous ne faisons ici que fournir des pièces justificatives.

Pour établir quels sont les dangers de la prévention, et les abus qu'elle peut occasionner. Pour donner la valeur des raisons qui firent arrêter préventivement Pélin, continuons notre récit.

Rappelons qu'en mai 1862, M. Londynski, plaidant civilement contre un sieur F..., adressait à M. le président de la cour impériale de Paris un mémoire dans lequel se trouve la mention suivante :

« *Londynski ne fut pas ingrat ; le premier*
» *usage qu'il fit des sommes provenant de la le-*
» *vée de séquestre de ses biens s'appliqua à ré-*
» *compenser le dévouement de sa compagne, en*
» *lui restituant ou en lui faisant don de diffé-*
» *rentes valeurs, mobilières et immobilières,*
» *s'élevant à cent cinquante et quelques mille*
» *francs.* »

La date de cette donation est fixée d'une façon certaine à la fin de l'année 1858 ; et c'est quelques mois plus tard, en juillet 1859, que madame Londynski, alors demoiselle Thérèse Piérard, commanditait le sieur M..., marchand d'habillements confectionnés.

Cette commandite, fixée à quatre-vingt mille francs, fut faite régulièrement pour trois années, qui expiraient le 15 juillet 1862.

Savez-vous ce qui se produit?

Malgré la publicité donnée et la rigoureuse exactitude de l'administration de M..., l'instruction vit, dans cette affaire toute honorable, une agence des coupables manœuvres de Londynski; M... fut à la veille d'être arrêté comme son complice.

MM. G..., docteur-médecin, qui a dirigé gratuitement les études de Londynski, C..., qui lui a prêté dix mille francs, sont sous le coup d'un mandat d'amener conventionnel; mais M. Rabut, commissaire spécial, après une perquisition sans résultat, s'abstient pourtant de les arrêter.

Il n'en est pas de même à l'égard de M. Pélin; nous avons déjà dit dans quelles conditions il était détenu-prévenu; nous allons dire quels furent les prétextes de sa prévention.

1° Il avait, à la date du 25 juillet 1862, arrêté définitivement les comptes et les conditions de la liquidation M... et dame Piérard, femme Londynski.

2° Il avait, dans le courant de juin 1862, demandé par écrit (pour les besoins de l'étude de Me Sibire, avoué), à madame de Wolkonski une autorisation de faire offre à un sieur Piedefer, sculpteur, pour une somme de trois mille francs qu'il refusait comme insuffisante.

3° Il avait payé le montant d'une saisie pratiquée sur un mobilier placé dans un logement situé rue de Rumfort.

Ces meubles n'étaient pas à M. Londynski, il fallait qu'ils fussent sauvés à tout prix. Telles étaient ses instructions.

Pour s'y conformer, M. Pélin copia le procès-verbal de la saisie dont il avait main-levée, en fit une vente au nom de M. M***, la fit enregistrer et se trouva ainsi en possession d'un titre sur lequel il lui était possible de revendiquer en cas de nouvelle saisie.

Voilà les terribles griefs qui formèrent l'échafaudage des raisons qui firent que l'instruction signala Pélin comme *l'agent le plus actif de Londynski*. Du reste, ajoutons que la généreuse fille de l'ex-vice-roi de Pologne l'avait accusé d'avoir participé aux dilapidations de son docteur.

L'instruction fit ainsi un complice sur cette affirmation.

Avant toutes choses, il semblerait raisonnable de bien établir la culpabilité de l'auteur principal des faits incriminés, nous avons déjà observé ce point de fait.

C'est cependant d'une autre façon que l'instruction dut procéder.

Avant de savoir si le capital qui a servi à

former la commandite M... est acquis par des moyens frauduleux, madame Londynski est arrêtée comme complice des faits reprochés à son mari. M... est également signalé comme complice de madame Londynski, et enfin Pélin est le complice de M... pour avoir fait *hâtivement* la liquidation de la commandite qu'il tenait de madame Londynski. C'est l'avis de l'honorable expert Monginot.

Si nous devons sérieusement examiner le fond de cette affaire, que trouvons-nous?

Du côté de M. Londynski, il y a eu dilapidation, folie, abus, le jugement l'a établi.

Sa culpabilité pouvait-elle être connue de ceux qui l'entouraient? Voilà une question qui paraît plus difficile à résoudre.

Si nous devons en croire Londynski, c'est bénévolement, à titre de prêt et pour faire des opérations, que les sommes si considérables réclamées par la princesse lui ont été versées. Le prêt n'était du reste nullement désintéressé, et le taux élevé auquel il était consenti autorisait en quelque sorte les hasards auxquels se confiait l'emprunteur.

Que M. Londynski ait employé les artifices et moyens spécifiés en l'art. 405; qu'il ait encouru la répression prévue par l'art. 408. Quelle complicité pouvait être attribuée à ceux que l'expert Monginot nomme dans son rapport ?

Question ardue, ou, pour mieux dire, bien simple, puisque jamais madame de Wolkonski ne s'est rencontrée avec les prétendus complices de Londynski.

Comment la maison M..., commanditée par madame Piérard-Londynski, peut-elle, après trois années d'existence régulière et après l'expiration de la période légale de sa commandite, se trouver l'objet d'une expertise, confiée à la sagesse de M. Monginot, qui transcrit toutes les écritures et refond la comptabilité.

Nous établirons bientôt ce que valent vos brillantes expertises, monsieur l'expert.

Ce travail savant aboutit à une conclusion assez curieuse pour établir la complicité en troisième ligne de M. Pélin, fondé de pouvoirs des époux Londynski.

Si nous en devons croire l'instruction. M. Monginot a dit que la liquidation avait été *hâtive*.

Opinion estimable, mais facilement contestable, qui justifiera difficilement les six mois de prévention appliqués sous son couvert.

Le même raisonnement pourrait en *droit civil* se produire à l'endroit de M. Lemetais.

La société Lemetais et Londynski est régulièrement constituée, il faut un titre pour l'attaquer; si cette société a essuyé des pertes, elle n'est pas en déconfiture, elle conduit une opération qui, à un temps donné, peut fournir de bons résultats.

M. Lemetais est arrêté, parce qu'il est supposé capable d'avoir connaissance de la façon dont M. Londynski a obtenu son capital, mais il n'y avait pas un seul titre qui pût donner un moyen de lui faire un procès civil.

M. Lemetais est accusé de complicité avec M. Londynski dans la formation de la société Lemetais et Londynski, constituée par acte authentique : glissons sur ces faits qui n'ont ici qu'un intérêt secondaire, et revenons à la prévention subie par Pélin.

Qu'on nous présente les lauréats du prix Montyon, qu'on nous permette de faire une enquête à la façon de celles de M. Monginot, les déductions *logiques* aidant, la rhétorique fournissant ses fleurs et ses enflures de style, nous consentons à passer pour crétin de la pire espèce, si nous ne trouvons pas tous les éléments d'un réquisitoire formidable contre leurs vertus.

Et cela par cette raison toute simple que rien ne ressemble plus au déshonnête que ce qui ne l'est pas.

C'est donc sans aucun étonnement que nous

voyons l'instruction qualifier d'une façon étrange des actes qu'elle n'a pas compris, et sa faconde aux abois chercher des qualificatifs insultants pour ceux contre lesquels son impuissance a dû renoncer à constater quelque chose ressemblant à un délit.

L'instruction, mise au défi par Pélin, a émoussé toutes ses armes, mais elle fait ses déductions logiques en relaxant à regret, après SIX MOIS de prévention, celui qui l'a défiée.

M. l'*Instructeur*, condamné à l'impuissance matérielle, s'en tirera avec les honneurs de la guerre en attaquant, *intra muros*, notre moralité.

Il nous a relaxé faute de preuves suffisantes ; nous regrettons, nous, qu'il n'en ait pas trouvé quelques-unes, afin de nous justifier plus largement à la barre, et de faire voir ce que valent les splendeurs de certaines accusations.

Mais après les six mois de détention préventive que nous avons subis, que voyons-nous en rentrant dans le monde dont nous avons été radié pendant cette période ?

Nous, mandataire authentique de Londynski, mandataire régulier de madame Piérard, femme Londynski, et de plus fondé de certains pouvoirs de Lemetais et Londynski, nous constatons qu'une *néo-procédure* que nous ne comprenons pas a fait une série de choses assez curieuses, et que l'administrateur qui s'est emparé de notre administration a perdu plus de trente mille francs que nous pouvions sauver !

L'administrateur, dans sa sagesse, a fait ce que sa prudence peu renseignée lui indiquait : rendons-lui cette justice, il ne s'est adressé à nous qu'en dernier lieu, au sujet de quelques recouvrements sans valeur.

Nous avons à déclarer, à cette heure, qu'il a été très-heureux pour l'administrateur et l'expert que nous fussions détenu, car, étant libre, nous nous serions opposé de la façon la plus énergique au mode administratif de l'un et aux prétentions erronées de l'autre.

Nous avons parlé de *néo-procédure*, il faut que nous revenions sur cette expression, qui peut seule caractériser la faconde procédurière de certains hommes.

Disons-le donc, cette novation, dont le procès Londynski nous donne l'exemple, est une novation dangereuse. Dans quel code en trouvez-vous les prescriptions?

L'administrateur provisoire, ce syndic en matière civile, est en quelque sorte un abus de pouvoir.

Après la dévastation syndicale, que rendra-t-on

aux prévenus, si l'acquittement les fait relaxer?

Cette difficulté pourrait nous mener bien loin et nous ne tenons pas à discuter au fond une pareille question. Nous voulons seulement ici grouper des faits, les indiquer à grands traits, afin de les vulgariser, et de faire comprendre quelle est l'urgence de remédier à cette insuffisance des garanties offertes aux justiciables.

A l'appui de nos dires, nous faisons notre preuve en offrant un exemple saisissant d'actualité qui démontre les faits dans la pratique.

Nous croyons produire un document utile sur une question d'intérêt général.

Délateur équitable, nous continuons à faire le bilan des vices procéduriers ! A chacun sa tâche et son heure. Nous attendons celle de la réparation.

LES RÉFÉRÉS ET LEURS CONSÉQUENCES

Parmi les faits de cette procédure si extraordinaire, dont les désastres se creusent de tout ce que peut la hardiesse de l'administrateur, je me permettrai de produire le compte des brisements opérés sous la direction d'un homme qui, malgré ses mérites, n'a pu donner, dans l'administration des biens personnels et sociaux des maisons Londynski, femme Londynski et Lemetais et Londynski, qu'une nouvelle force à mes convictions, qui accusent de vandalisme cet arbitraire qui enlève, aux prévenus qu'elle surprend, l'administration de leurs biens.

En m'élevant contre cette mesure, loin de moi pourtant la pensée d'attaquer l'estimable avocat appelé à gérer à ma place en vertu des droits de requête et de référé. Je me plairai à constater son urbanité et ses mérites, afin de prouver avec plus d'autorité que les résultats si déplorables qu'il a obtenus sont la conséquence de la mesure elle-même :

Ils eussent été plus déplorables encore, si le *syndicat civil* des biens Londynski et consorts eût été confié à un agent d'affaires moins habile et moins consciencieux que lui.

LES FLEURS DE LA NEO-PROCÉDURE

Où la pratique nous apprend de quelle manière on procède en matière de syndicat civil

J'ai déjà dit plus haut que j'étais, en vertu de pouvoirs réguliers, l'administrateur légal des troi personnes qui ont figuré au débat; ma mission était donc de sauvegarder leurs propriétés sociales ou privées; elle était d'autant plus importante que plusieurs procès étaient pendants à la Cour, et que d'autres se produisaient près les tribunaux de commerce et de première instance de diverses localités.

Au moment où la plus grande activité devenait nécessaire, j'étais écroué à Mazas, et les lettres relatives à ces procès étaient interceptées.

L'affaire la plus importante dont j'étais chargé était une main-levée d'hypothèque qui devait s'opérer par voie d'appel sur l'interprétation d'un arrêt de la Cour obtenu au bénéfice de madame Londynski, pour une somme de 20,000 francs dont on avait indûment grevé l'immeuble du Vésinet.

La seconde était une demande en garantie contre l'architecte et les constructeurs de la maison du Vésinet.

La troisième était suivie contre un entrepreneur qui avait accepté des valeurs de M. Londynski, et dont madame Londynski déclinait l'obligation de solidarité qu'on réclamait contre elle, pour que les jugements définitifs contre M. Londynski lui fussent déclarés communs.

Nous laisserons pour mémoire les recouvrements divers, le logement de la rue de Rumfort, les représentations aux faillites, etc., etc. Vous et moi, chers lecteurs, ne sommes pas à cela près de quelques milliers de francs.

Nous passerons ces maigres détails et nous vous ferons savoir, qu'en vertu d'une requête présentée à M. le président du Tribunal civil de la Seine, on nomma un administrateur provisoire des biens des époux Londynski et de la société Lemetais et Londynski (et ceci sans préjudice d'un référé dont nous dirons bientôt quelques mots).

Le lecteur naïf se figure sans doute que l'administrateur doit administrer quelque chose :

Le siècle qui est au progrès a trouvé une marche plus sûre. Là se révèle le génie administratif !

L'administrateur laisse périmer les délais d'appel, les saisies mobilières pleuvent ferme et dru, sans qu'on les repousse, la saisie immobilière marche de front, les ventes se préparent, elles seront faites : un seul épisode les signalera :

Au lieu de laisser vendre par un des huissiers saisissants, l'administrateur introduit un référé afin de faire vendre à sa requête... Le référé lui accorde ce privilége.

Heureux administrateur !..... Voyons de quelle façon il va administrer?

Le syndic civil distancera le syndic de commerce; rien n'échappera aux exécutions de sa vente... il vend le linge, LES MATELAS, LES COUVERTURES, LES LITS : les lits de la mère, de la fille!... Cependant, avant de laisser aller leurs robes à la chaleur des enchères, il se ravise, et son cœur paternel sauve ces dépouilles opimes du désastre.

L'appartement de la rue de Rumfort est également l'objet d'une vente, les pièces *mystiques* du procès font cependant comprendre que ce logement devait être respecté. Le dilapidateur Londynski l'écrivait en toutes lettres : *Il se croirait sacrilége si la saisie violait ce logis* qui n'est pas le sien.

Il fallait à tout prix le restituer. Aucune tentative n'a été faite pour le conserver à son possesseur légal, et l'instruction m'a fait un reproche d'avoir fait un acte conservatoire pour le sauver!

Au milieu de ce désordre procédurier, un homme pouvait renseigner tout le monde : l'instruction, l'administrateur provisoire, le séquestre :

Personne ne l'a interrogé, personne n'est venu pour s'éclairer près de lui... ou du moins quand on est venu le désastre était complet, la ruine était consommée depuis plusieurs mois.

Nous savons que l'administrateur dira que les saisies ne lui ayant pas permis de résister sans danger, il a préféré faire vendre à sa requête.

Nous constaterons pour mémoire que la vente a dépassé de beaucoup le montant des sommes réclamées par les saisissants *sérieux*, et nous demanderons pour quelle raison le mobilier de la maison Lemetais et Londynski a été vendu à sa requête au domicile social, rue Richer. La maison Lemetais et Londynski n'avait aucun exécutoire, aucune saisie, la maison Fabart et Ce la logeait gratuitement...

Pourquoi cette vente ET POURQUOI A-T-ON

RESTITUÉ LE MEUBLE EN BOIS DORÉ, REVENDIQUÉ PAR MADAME LA PRINCESSE?

Ce meuble, payé par la maison Lemetais et Londynski, réparé et doré à ses frais, pouvait peut-être devenir l'objet d'une nouvelle récrimination au point de vue de l'abus de confiance, mais en tout état de cause, il ne pouvait être remis à la personne qui le réclamait, car il était la garantie de tous les créanciers.

Constatons que l'administrateur provisoire a, de son autorité privée, vendu le mobilier de la société Lemetais et Londynski, sans que ce mobilier fût menacé par la saisie? Que penser de cette exécution?

C'est l'inhumation de la raison sociale, l'administrateur la condamne avant le jugement, il la met dans l'impossibilité de se relever en cas d'acquittement. MM. les administrateurs provisoires ont-ils le don de divination pour ouvrir ainsi des fosses anticipées?

Nous ne le pensons pas : leur perspicacité se trouve parfois en défaut. Un grand exemple de ces faits nous a été donné, ce n'est pas le seul.

Dans ce désastre de la vente du mobilier de la rue Richer, établissons un seul fait.

Un tableau de feu de Monpezat, dont on avait offert 1,500 francs en ma présence, a été adjugé pour 200 : le cadre valait quelque chose de plus.

Faut-il constater, d'après la triple exécution des mobiliers de la rue Richer, du boulevard Malesherbes et du Vésinet, qu'il doit être élémentaire dans la pratique, que tout bon administrateur fasse vendre avant jugement tout ce qui est vendable dans l'administration qui lui est confiée?

Un commissaire priseur serait, dans ce cas, l'homme le plus habile à administrer de cette façon.

L'administrateur provisoire qui a fait vendre le passé, le présent et l'avenir des maisons que la confiance du juge de référé met sous sa haute protection, se trouve parfaitement à couvert quand un jugement déclare valablement saisis les meubles et objets mis sous le séquestre ; mais la position devient plus tendue quand un acquittement rétablit les droits de propriété de ceux pour lesquels l'administrateur a *administré*... en VENDANT TOUT.

Quand je dis en vendant tout, je fais une légère erreur... M. Mauger, fidèle aux traditions de la galanterie française, n'a pas vendu les robes de son administrée, les joujoux de l'enfant ont été épargnés, mais leurs lits ont été adjugés à la chaleur des enchères

Constatons ce fait administratif : le lit, qui est insaisissable pour tous les saisissants peut être ADMINISTRÉ au plus offrant et dernier enchérisseur.

Je suis heureux de constater ce principe établi dans la pratique. Nos lecteurs trouveront sans doute, comme moi, qu'il est d'une ampleur splendide : c'est leur droit et le mien.

Ainsi voilà donc quelle est la situation de certains prévenus. La Désolation dans la cellule, la dévastation à leur logis.

Action simultanée de la procédure civile et de l'instruction criminelle. La procédure civile, qui fait sans vergogne marcher ses désastres ; l'instruction criminelle, qui empêche le prévenu de se défendre en le mettant au secret.

Les pièces et les valeurs sont au dossier et au greffe... la famille a faim, etc., etc., etc.

Ne vous plaignez pas, il y a un administrateur ou un séquestre établi en vertu d'un jugement de référé.

Nous avons dit ce que *pratiquement* voulait dire administrer.

J'ai parfois attaqué les façons un peu cavalières de messieurs les syndics commerciaux.

Quand je les mets en parallèle de MM. les SYNDICS CIVILS, je me vois dans l'obligation de faire amende honorable, je les trouve grands comme Alexandre.

Les syndics commerciaux font quelquefois vendre pour former un capital actif.

Mais le failli a par le dépôt de son bilan déclaré son impuissance et sa détresse ; un jugement l'a déchu de ses droits, le syndic, qui est le tuteur du failli, est, en cas de mauvaise administration, contrôlé par le juge commissaire, etc., etc.

Qu'est-ce qui modifie l'administrateur ?

Le syndic civil vend les lits de ses administrés, il les laisse nus comme saint Jean.

Si je ne l'avais pas vu je ne le croirais pas.

Il est bon de dire que dans son âme et conscience le syndic civil croit que ses administrés seront condamnés ; la condamnation rendra utiles et régulières les mesures de son administration.

O déception ! le prévenu est acquitté... il sort de sa prison sans sou ni maille, et la prévoyance administrative le menace en quelque sorte d'une nouvelle arrestation sous prévention de vagabondage.. On a ADMINISTRÉ son lit ! ! !

Plus j'étudie ce qu'on appelle la *pratique* procédurière, plus mon enthousiasme s'élève à l'endroit des beautés nouvelles que j'y trouve à chaque pas.

J'en passe, et des meilleurs.

VICTOR HUGO.

Les meubles sont vendus, il est inutile d'en parler plus longtemps; l'argent est à la Caisse des consignations : un ou plusieurs beaux petits procès nous diront qui sera assez habile pour l'en faire sortir.

Nous avons parlé de ce qui avait été *administré,* deux mots sur les choses qui eussent pu l'être.

Nous avions un procès contre notre architecte : une expertise nous avait déjà donné gain de cause, nous comptions obtenir des dommages-intérêts pour les nombreuses malfaçons et les vices de construction déjà reconnus.

L'administrateur s'abstient, faute de bien connaître le fond du litige... Cette abstention nous causera un préjudice de 10,000 francs.

Quant à notre appel sur l'interprétation de l'arrêt de la Cour relatif à la garantie des 20,000 francs souscrits en 1861 à ce témoin étrange, qui figure d'une façon plus étrange encore dans le procès correctionnel, qu'il me soit permis de croire que ma détention seule a pu empêcher d'obtenir main-levée de cette hypothèque surprise.

Faudra-t-il parler du jugement en premier ressort qui déclare commun à madame Thérèse Piérard le jugement contre M. Londynski, et qui n'a été rendu contre notre avoué de Versailles que par la seule cause qu'il m'avait été impossible de fournir les pièces nécessaires pour repousser la demande.

Les lettres de Me Rigollet ne me parvenant pas, la lutte devenait impossible... Aussi le premier choc brisait toutes les ressources de la résistance, et quand, après six mois de prévention, je sortais enfin pour reconnaître quelle était la grandeur du désastre, je pouvais dire qu'il ne restait plus une seule épave à sauver sur la grève des exécutions hâtives de l'administration des choses qui avaient été enlevées à ma garde.

Dans la seule opération du Vésinet, mon arrestation causera aux défendeurs un préjudice qui ne sera pas moindre de 35,000 francs, calculé au terme moyen.

Le mobilier de la rue de Rumfort et ses valeurs artistiques livrées aux enchères, sera compté pour mémoire au propriétaire sérieux.

Le mobilier de la rue Richer figurera, en dehors de mon administration, dans le bilan des dévastations ordinaires, mais il n'en grossira pas moins le nombre des pertes brutes qui peuvent être mises à bon droit sur le compte de la puissance trop étendue des *syndics* de référé.

A la suite de cette exécution, une grave question de droit est soulevée, et si elle doit être résolue dans le sens pratique des actes qui se sont produits, elle paraît devoir amener une perturbation dangereuse dans l'ordre de choses où nous vivons.

Sans chercher à justifier la raison sociale Lemetais et Londynski, sans me préoccuper de la régularité ou de l'irrégularité des opérations et de la comptabilité de cette maison, élevant mes considérants à la hauteur d'une question d'ordre public, je vais essayer de montrer les dangers de cette immixtion de la procédure civile dans les faits commerciaux, de ce mélange de droits hétérogènes qui hurlent de se trouver confondus.

La maison Lemetais et Londynski me sert à matéraliser un fait : je ne cite sa raison sociale qu'afin de rendre palpable une question qui pourrait être déniée.

La maison Lemetais et Londynski, constituée régulièrement par acte notarié en date du 12 juin 1860, s'occupe de liquider ses opérations, elle a versé le montant de ses métalliques dans la caisse Fabart et Ce, dont elle est le locomobile, puisqu'elle est pour deux tiers dans les intérêts de cette maison dont elle a constitué le capital. Au moment de cette liquidation, qui n'est en fait qu'une transformation régulière, des plaintes sont portées contre M. Londynski, et le sieur Lemetais est accusé, ainsi que divers, de complicité dans les faits qui lui sont reprochés :

Est-ce Lemetais personnellement, ou est-ce Lemetais, raison sociale, que poursuit l'accusation?

Il semble, d'après les faits de la procédure, que Lemetais, raison sociale, se trouve seul en cause. Chose assez étrange alors : ceux qui accusent la raison sociale ne figurent en aucune façon dans les livres, et n'ont aucun moyen régulier d'action contre elle.

Nous demandons en droit....., et le dernier des clercs d'huissier répondra à cette question :

Est-il admissible que, sans titre, sans preuve et sans commencement de preuve, il soit permis de se dire créancier d'une maison dont on n'a jamais visité le gérant, dont on ne connaît ni la constitution ni les livres, et sera-t-il possible, dans de telles conditions, d'obtenir de la juridiction commerciale un jugement, même au-dessous de cent cinquante francs?

Evidemment non.

Telle est cependant la situation de madame la princesse de Wolkonski en face de Lemetais.

Grâce à sa haute moralité, elle est cependant assez heureuse pour faire admettre ses prétentions par M. le président, qui ordonne qu'un homme honoré de sa confiance sera nommé pour administrer provisoirement la raison sociale. *Conformément aux requêtes de Me Guidou.*

J'avoue ici que mes notions de droit commercial sont toutes bouleversées par le génie des conclusions de Me Guidou, avoué de madame la princesse : Ce génie se révèle tout entier sous un jour qui a le privilége de m'éblouir : On pourrait évidemment l'être à moins.

Un procédurier vulgaire eût pu se dire que pour faire une revendication il fallait quelque chose ressemblant à un titre.

Me Guidou ne s'inquiéte pas d'aussi peu de chose. La société Fabart et Ce, la société Lemetais et Londynski, la maison M***, voire même les publications critiques et juridiques de Gabriel Pélin, tout cela *doit être* à mesdames les princesses.

Telles sont les prétentions du zélé mandataire.

Si la dilapidation d'une partie de leurs biens ne les faisait pas reconnaître victimes d'un aveuglement dont elles éprouvent les cruelles conséquences, que ne pourrait-on dire en présence de ces prétentions qui se traduisent par des actes sans précédents dans les fastes procéduriers..

Nous allons aborder ici une des plus curieuses analyses de cette situation. Elle démontrera jusques où peut aller la folie humaine.

Depuis 1858, madame la princesse de Wolkonski

traite directement avec M. Londynski, son médecin ; elle lui fait différents prêts ; parmi ces prêts, il est constaté par les pièces fournies au procès, que quelques-unes de ces sommes ont été obtenues par artifices, promesses mensongères, et enfin à l'aide des moyens spécifiés en l'article 405.

Acceptons cette situation, mais reconnaissons aussi que de la rédaction même de la correspondance, il résulte que Londynski a dû la tenir secrète, et ne divulguer à personne dans quelles conditions il se trouvait détenteur des capitaux dont on le voyait disposer comme siens.

Madame la princesse elle-même a fait son possible pour créer à son docteur un *crédit* et une considération dont elle se faisait en quelque sorte le garant.

Pendant quatre années, on a écrit beaucoup. Le livre copie de lettres n'est pas utilisé pour la régularisation de cette *situation commerciale exceptionnelle*; mais convenons que si Londynski peut avoir intérêt à dissimuler la correspondance qu'il expédie, il peut avec succès laisser voir une partie des lettres qui lui sont adressées.

Ce qui ne saurait être nié, c'est que *madame la princesse a connu mieux que personne la pauvreté de Londynski*. Cependant elle l'a présenté comme un riche spéculateur à différentes personnes.

Madame la princesse n'a jamais fait connaître, avant juillet 1862, sa situation d'affaires vis-à-vis de Londynski. Mais, nul n'a ignoré qu'il était SON MANDATAIRE AVEC LES POUVOIRS LES PLUS ÉTENDUS. Ces pouvoirs étaient authentiques.

Quelle pouvait être l'opinion des gens sérieux à l'endroit de la fortune de Londynski?

Sous la garantie même de la princesse, on lui croyait une fortune privée de quelques cent mille francs, et on le croyait également en possession régulière de sept à huit cent mille francs, résultant de différents prêts réguliers à long terme faits par la princesse.

Dans cette situation, il s'agit de savoir si ceux qui auraient pu faire un mauvais usage, avec Londynski, des sommes dont l'accusation a posé les chiffres, pourraient être réputés complices de Londynski?

Si la complicité peut résulter de cette situation, j'avoue que toutes mes notions commerciales seront bouleversées. J'ajouterai même que madame la princesse pourrait courir un grand danger dont l'évidence des pertes qu'elle a subies et son inexpérience pourraient seules la garantir si des fournisseurs spoliés lui demandaient compte des références données par elle.

Si Londynski, plus habile, eût spolié la place

de Paris de cinq ou six millions, et payé sur le montant de ses spoliations le capital et les intérêts énormes des sommes qu'il empruntait au TAUX RUSSE.

Quelle serait la situation?

La correspondance que *je connais* et que je ne *cite pas* répond victorieusement à cette question.

Prenons maintenant la société Lemetais et Londynski, voyons de quelle façon elle pouvait être attaquée régulièrement, dans quelles conditions les tiers pouvaient intervenir dans son administration intérieure?

Tout en reconnaissant avec l'expert que l'organisation de cette maison, son administration, ses livres, ses œuvres et tout ce qui s'y rencontre puisse paraître étrange, on chercherait en vain dans cette organisation, preuve vivante de l'INHABILETÉ du gérant, des éléments capables de prouver autre chose que la maladresse de ceux qui avaient institué cette curieuse raison sociale.

C'est à tort qu'on a fait de Lemetais un homme habile. La comptabilité lui était étrangère, le commerce est une science dont il ne savait pas le premier mot..., et c'est à cause de cette incapacité, qui nous paraissait notoire, que nous disions, en juin 1861, que nous serions heureux de faire retirer à M. Lemetais l'administration de la société.

De ce que nous disons ici faut-il conclure que nous prétendons faire de M. Lemetais une nullité compacte..... Telle n'est pas notre pensée..... Il peut être un excellent remisier, un chef de correspondance accompli, etc., etc.

La science commerciale lui fait défaut. Voilà ce que nous avons dit et ce que nous disons encore. Nous avons aussi regretté que le caissier H., qui prétend à tort avoir toujours été dirigé par Lemetais, n'ait pas dit qu'en dehors des 300 fr. qu'il recevait chaque mois pour faire une triste besogne, il touchait une subvention motivée par les leçons de comptabilité qu'il lui donnait.

M. H., fort innocent de toute fraude, serait cependant, à notre avis, responsable de cette comptabilité vraiment étrange, si elle pouvait être sujette à incrimination.

Si le contentieux de Gabriel Pélin eût pu fournir les mêmes errements, le banc des prévenus lui eût fourni une place : cela eût été justice ; celui qui se fait payer pour rendre des services, et qui conduit ceux qui le payent sur un terrain dangereux commet un abus.

En cas de faillite, la maison Lemetais et Londynski avait à redouter des ennuis; la maladresse de son teneur de livres pouvait la compromettre.

Heureusement elle n'est pas en faillite ; et, puisque nous établissons en droit sa situation, nous allons l'expliquer ainsi que nous la comprenons commercialement.

En quoi les princesses ont-elles à prétendre que la maison Lemetais et Londynski a surpris leur bonne foi ?

Lemetais a la signature sociale.

Il est le chef officiel de la maison de banque ; sa parole ou sa signature est-elle engagée vis-à-vis d'elles ?

Non.

Les princesses ont-elles commandité la maison de banque ; ont-elles donné à son chef un mandat impératif ?

Non.

Que le capital vienne de Londynski, ou que sa provenance soit princière, il lui importe peu. Le silence de madame de Wolkonski, l'obstination avec laquelle elle persiste à ne traiter aucune affaire par elle-même, renvoyant toujours à M. le Docteur, ne laissent aucun doute que le docteur n'ait les pouvoirs les plus étendus et n'agisse avec le parfait assentiment de celle dont il a la confiance. Puis enfin les livres de la maison de banque, ceux de la maison des châles, ceux de la commandite de 80,000 fr. ont-ils été vus par la princesse, y a-t-on établi une situation fictive *ad hoc* pour abuser de sa confiance? Elle n'a rien vu, rien consulté, tout a été dit et fait en dehors des administrations diverses que je cite.

Madame la princesse a fait plus d'efforts pour être complétement abusée que les gens sensés n'en font pour éviter de l'être, et cela a duré quatre ans! *quatre ans*, entendez-vous bien?

Un fait bien caractéristique me donne le droit de dire que la position de M. Londynski était inattaquable.

Parmi les lettres anonymes adressées rue de Labaume contre Londynski (et disons en passant que la princesse tenait peu de compte de leurs insinuations), il en arriva une qui, écrite de main de maître, donnait tous les avis nécessaires, tous les renseignements pour lui faire ouvrir les yeux.

La princesse la lut et la renvoya à son docteur, avec cette annotation.

« *Tâchez donc qu'on ne m'ennuie pas davantage avec de pareilles choses.* »

N'est-il pas permis de supposer, dans de pareilles conditions, que Londynski n'est que l'exécuteur fidèle des ordres qu'il reçoit? Pourquoi la fièvre des spéculations dangereuses et des martingales insensées ne s'emparerait-elle pas des princesses ?

N'est-il pas permis de penser ainsi ?...

Les puissants de la terre et les croquants ne sont-ils pas pétris du même limon ? Ne sait-on pas qu'un prêt de 600,000 francs fut fait une fois par la grande administration philanthropique (*qui prête sur gages à 13 pour cent l'an*) à certaine famille scandinave peu favorisée par la saison des eaux et le râteau du croupier ?

De la contexture de quelques conventions qui sont passées officiellement par mes mains, il était permis de croire que Londynski disposait des sommes qu'il remettait à Lemetais, en vertu du droit que possède tout emprunteur qui use d'un capital *non marchand* dont il doit payer les intérêts.

Tel représente une solvabilité de cent écus ; tel autre donne une garantie morale de plusieurs millions. Il y a des degrés.

Madame la princesse connaissait la pauvreté de Londynski ; elle savait que SON LUXE ÉTAIT SON OUVRAGE.

Je crois que, dans cette situation, il n'appartenait à personne de contester la valeur morale du crédit de M. Londynski près de madame de Wolkonski. Ce crédit était inébranlable, même après la preuve de certains abus.

Madame la princesse croyait au génie financier de son docteur!...

Si elle a dû enfin ouvrir les yeux, c'est par suite d'un *fait non financier*, étranger au débat, et dont la propriété ne nous appartient pas, puisqu'il reste en dehors du procès.

Après avoir établi les différents jalons de la situation réelle de la maison Lemetais et Londynski, je crois pouvoir ajouter aussi que la pénurie financière de la maison de la princesse était devenue notoire; et quand, après quatre années de renouvellements successifs pour les reconnaissances des diamants engagés, M. Londynski ordonne d'en vendre une partie, personne n'est tenté de croire que c'est sans autorisation qu'il opère ainsi.

Chacun regrette peut-être l'aveuglement *commercial* de la princesse, les folies administratives de son docteur, mais nul ne supposera autre chose, et, en admettant toutes les suppositions, il était impossible de se renseigner et de se faire écouter rue de Labaume.

Je le dis, et c'est ainsi.

Cet hommage une fois rendu à l'exactitude des faits, faudra-t-il avouer que, si Lemetais a pu ne pas être complice d'escroquerie et d'abus de confiance, il courait à son insu, en cas de faillite, de grands dangers? Voilà pour le compte de sa prétendue habileté un écueil dont je DÉBITE le caissier de la maison Lemetais et Londynski !

M. Monginot n'a pas ouvert un chapitre spécial à cet effet ; c'est un tort.

Parlons maintenant d'une situation dans laquelle nous avons été personnellement mis en cause.

Nous avons déjà dit que, dans le courant de 1859, M. Londynski avait annoncé qu'il faisait à mademoiselle Piérard un don manuel de 150 ou 200,000 francs. Sur le montant des sommes résultant de cette donation, le Vésinet était acheté, et la commandite de 80,000 francs établie. (Je rédigeai l'acte, les formalités légales furent remplies par mes soins.)

Commençons par constater que le capital ne fut jamais complété. Le versement constitutif de la Société fut seulement de 44,000 fr., des billets à différentes échéances y furent ajoutés, mais ils furent impayés ou utilisés aux besoins de Londynski.

Dès les premiers mois, le commandité était en droit de sommer la commanditaire de compléter son capital : le défaut de ce complément lui causait un préjudice considérable. La maison qui s'établit pour fonctionner avec une force active de 80,000 francs, et qui n'en reçoit que 50,000, peut éprouver un désastre : Bien que M... n'eût rien à redouter de semblable, car ses affaires furent heureuses ; il était en droit de contraindre sa commanditaire à verser le complément du capital stipulé, et de réclamer des dommages et intérêts pour les retards, etc., etc.

Il ne procéda pas de cette façon. Actif, intelligent et jouissant d'un crédit acquis par sa moralité, il justifia la bonne opinion qu'il s'était faite en ne se faisant pas une arme des droits acquis par son acte social. Reconnaissant de la confiance qu'on lui avait témoignée, et se croyant l'obligé de ceux qui l'avaient commandité, il les facilita au détriment de ses intérêts ; il restreignit ses opérations, au lieu de les étendre.

Voilà la vérité.

Profitant de ce bon vouloir, M. Londynski indiqua le domicile de M*** pour un grand nombre de billets à ordre qu'il souscrivait à divers.

Il remettait les fonds de ces billets, qui furent très-nombreux et très-exactement payés pendant environ deux années.

On a beaucoup parlé des engagements de diamants. Racontons les faits tels qu'ils se sont passés.

Ce fut aux premiers temps de la commandite de 80,000 francs, et même UN AN avant, que commencèrent les engagements au Mont-de-Piété. Ce fut M*** qui en fut chargé, et qui les fit par pure obligeance. Les premiers prêts furent donc mentionnés sous son nom, mais avec indication du nom du propriétaire réel, qui avait donné sa voiture armoriée et ses grands laquais à celui qui était chargé de recevoir les fonds.

La prudence des agents du Mont-de-Piété dut discrètement faire le reste : nous n'en doutons pas.

A l'occasion de ces engagements, le docteur avait dit à bon nombre de personnes qu'il avait fait des avances à madame la princesse ; et beaucoup de gens crurent de bonne foi à ce dire, auquel l'engagement des diamants semblait donner une autorité.

Il serait peut-être bon de réfléchir, à cette occasion, que les sommes provenant des engagements du Mont-de-Piété furent remises aux mains de M. Londynski. Personne ne fut assez osé pour aller dire à l'illustre héritière du défunt vice-roi de Pologne :

« *Princesse, nous ne voulons remettre qu'à vous-même le montant des sommes que le Mont-de-Piété prête sur vos bijoux.* »

Sur cette observation, qu'il me soit permis d'ouvrir une parenthèse.

Je commence par vous prier de reconnaître qu'on n'expose pas ainsi à l'embarras ceux qu'on appelle les puissants de la terre.

Le Mont-de-Piété lui-même respecte les emprunteurs de haute lignée, et, pour leur éviter de pénibles aveux, il passe fort bien sur bon nombre de petites formalités qu'il remplit rigoureusement vis-à-vis des croquants.

Si la haute direction du Mont-de-Piété se croit suffisamment renseignée dans de telles conditions, j'arrive tout naturellement à me demander si Lemetais ne pouvait pas calquer sa prudence sur celle de cette administration ? Si nous pouvons admettre que la princesse, embarrassée, à dû laisser pendant plus de trois années ses parures engagées ; si elles ont été deux fois sur le point d'être vendues, faute de pouvoir payer les intérêts annuels, est-il permis d'admettre que, lasse de se voir obérée par les intérêts résultant de *l'hypothèque* de ses *cailloux* (elle s'exprime ainsi dans sa correspondance), elle se soit décidée à en faire vendre une partie?

Cette vente une fois faite, pense-t-on qu'il se fût trouvé un mortel assez audacieux pour lui dire :

« Princesse, ma prudence me commande de vous remettre en main propre le BONI de la vente de ce que vous aviez fait *mettre au clou.* »

Cette réflexion faite au nom de la vérité et de la justice, je passe à un autre ordre d'idées, et je suis celles de l'instruction et du ministère public.

Le danger que j'ai signalé dans mes réflexions générales se trouve tout entier dans les détails intimes du dossier que je consulte.

Ce qui est pris comme argument en faveur de la princesse est tourné en sens inverse au bénéfice de l'accusation. En dehors de la plaignante, dont les négligences les plus étranges sont comptées pour valoir sagesse, les sentiments les plus honorables de ceux qui sont autour de Londynski sont travestis d'une façon étrange.

Cependant, qu'on ne s'y trompe pas, l'excès de confiance, s'il n'est pas un délit, est un quasi-délit. Si madame la princesse de Wolkonski, eût été moins fille de vice-roi, plus abordable et moins confiante pour ses familiers, on ne serait pas aujourd'hui dans l'obligation d'expliquer des faits qui, sans être directement acquis au procès, font partie du procès.

Madame la princesse... ou plutôt le maladroit procédurier, son ayant-cause actuel, a signalé un groupe compacte d'hommes qui ont plus ou moins approché Londynski, en s'écriant :

« Voilà ceux qui assistaient le larronneur, voilà quels étaient ses agents... voilà ceux qui l'aidaient à spolier la princesse. » Il a crié cela d'abondance, sans rien connaître, sans rien raisonner, et sans doute par excès de zèle.

Qu'on ne s'y trompe pas, le *negotiorum gestor* de madame la princesse lui a rendu un bien mauvais service, en se laissant aller ainsi sans vergogne à sa faconde procédurière. Il m'a mis dans l'obligation de prendre la plume et de redresser les errements dont il est l'agent *non responsable*.

Derrière cette irresponsabilité se trouve la personne qui a accepté les conséquences de la plainte, dont la contexture a donné des proportions colossales à un fait embryonnaire.

Nous répondons chacun des sottises de nos serviteurs... Le procédurier dont s'agit, en lançant *le pavé de l'ours*, sera pourtant bien payé pour sa tentative contre la mouche qu'il n'a pas su tuer.

Maintenant quelques mots sur le fond du procès.

J'ai à m'expliquer une fois pour toutes, avant d'entrer dans la question qui m'est personnelle, afin qu'on ne se méprenne pas sur ma pensée.

Je regrette vivement d'être dans la nécessité de lutter contre madame la princesse de Wolkonski.

Ce que j'ai pu connaître de son intérieur lui donne droit à mes sympathies. Nul plus que moi ne fut disposé à la plaindre et à proclamer quelle a été sa générosité.

C'est encore aujourd'hui avec un profond sentiment de tristesse que je me vois obligé de faire l'histoire d'une épopée douloureuse, dans laquelle un acte d'incroyable folie, une attaque sans nom, m'ont obligé de me défendre et de riposter en vertu du droit de réparation.

Ce droit tout individuel, ne me met pourtant pas au rang des ennemis de madame la princesse, et n'établit aucune communauté entre mes intérêts et les intérêts immoraux dont elle a été victime.

L'homme qui s'attaque lâchement à l'inexpérience d'une femme, celui qui détruit sa fortune en abusant de sa crédulité, ne peut avoir de près ou de loin aucune de mes sympathies.

Les bandits de la nuit peuvent présenter leur excuse à certains optimistes, parce qu'ils n'appartiennent pas à la société qu'ils pillent. Cette société les a bannis, ils vivent à part en lui faisant la guerre.

Ici les faits sont d'une toute autre nature, et je

dis que ceux dont elle a été victime n'admettent pas de circonstances atténuantes.

Partageant la juste indignation de ceux qui ont poursuivi la spoliation dont madame de Wolkonski a été victime, s'il n'eût dépendu que de moi je l'eusse assistée de tous mes moyens.

Voilà quels sont mes sentiments, et telle était la ligne de conduite que je m'étais imposée, celle que j'eusse été heureux de suivre. Malheureusement, à l'excès de confiance de madame de Wolkonski succéda l'excès de zèle de son mandataire actuel.

Cet excès de zèle a fustigé ce qui était moral et ce qui était honnête, en créant des complicités imaginaires et en attaquant ainsi la liberté, l'honneur, le crédit de beaucoup de gens parfaitement innocents.

Je me suis trouvé de ce nombre, j'ai pendant six mois appris quelle était la valeur d'une dénonciation *influente* : six mois de prévention valent bien qu'on s'en émeuve!

Je me suis ému.

La raison de cette émotion produit un livre, madame la princesse me pardonnera sans doute cette émission typographique, qui ne sera pas sans utilité pour l'édification de tous.

Ceci posé, je ferme la longue parenthèse que

j'ai ouverte, et je prends une à une, pour les détruire, les insinuations perfides qui se sont glissées dans les attaques indirectes dirigées contre les choses que j'ai faites et dont je maintiens la régularité et l'honorabilité.

On a reproché au commandité de madame Londynski d'avoir permis que son mari indiquât son domicile chez lui pour le payement des nombreux billets qu'il souscrivait. Je déclare que je ne vis jamais aucun inconvénient à cette élection de domicile, faite pour différencier les opérations isolées de Londynski de celles de la Société Lemetais et Londynski.

Moyennant une faible remise, tous les banquiers autoriseront un propriétaire à élire domicile en leur bureau. Des maisons spéciales ont des prospectus et des enseignes pour apprendre que chacun peut élire domicile à leur siége social.

M. *** ne se faisait pas payer. Est-ce là ce que l'expert lui reproche?

Plus de 300,000 francs furent ainsi libérés au comptoir de M... Dans les derniers temps seulement, les difficultés vinrent, et quelques *retours* durent s'opérer.

C'est alors qu'on le vit s'alarmer, et je dois déclarer moi-même qu'il refusa de continuer à autoriser Londynski à élire domicile chez lui.

Les billets deviennent rares en 1862 et on n'en signale plus que quelques-uns qui, souscrits antérieurement durent se présenter : depuis longtemps il refusait toute référence à Londynski.

On parle fort bien des billets de M. le prince P..., endossés par M..., et l'on oublie que cet endos n'a été donné que pour faciliter la négociation.

M. le prince a fait honneur à sa signature... pourquoi parler de ces valeurs ?

Il est une chose dont l'avocat de madame de Wolkonski eût dû parler davantage.

Le prince dont s'agit connaissait mieux Londynski que M..., que G.., que C.., et que moi, peut-être même mieux que Lemetais. Son témoignage eût pu jeter une grande lumière sur beaucoup de faits ignorés de *petites gens* de l'espèce de ceux dont j'indique les initiales.

M. le prince en savait plus long que moi... Me Guidou n'a pas demandé *qu'on le mît en cause*.

Cette chose dite une fois pour toutes, j'arrêterai le cours de mes observations sur la commandite de 80,000 francs pour répondre aux articulations consignées dans le rapport de l'honorable M. Monginot, auquel la confiance de quelques hommes éminents a peut-être un peu arbitrairement donné un bill d'infaillibilité.

Occupons-nous donc maintenant de passer en revue le monument calligraphique de cet étrange rapport. Voyons jusqu'où s'élève dans cette œuvre, la science émérite de l'expert comptable, et nous constaterons que l'homme du chiffre s'y double du génie du criminaliste consommé.

Découvrons-nous devant ce talent qui se révèle dans toutes les splendeurs de la novation procédurière, qu'il illumine ; découvrons-nous, mais, avant de faire l'examen des savantes argumentations du vaillant expert, qu'il nous soit permis de constater que nous avons déjà été appelé à contrôler ses mérites, et que rien ne nous a surpris dans ce que nous avons vu.

Nous faisions dans notre journal le *Haro*, du 29 juin 1862, à l'occasion d'une affaire syndicale du tribunal de commerce de Libourne (Gironde), quelques réflexions générales sur les hommes spéciaux, et nous disions :

« Pensez bien aussi qu'il s'agit de la chose » la plus aride, la plus difficile à saisir : *le* « *chiffre.*

» Je parie que M. Monginot lui-même, *l'homme-» flambeau* accompagné de ses commis, est inca-» pable de résoudre vingt problèmes commerciaux » que je pourrais avoir l'honneur de lui sou-» mettre.

» Une expertise mal faite peut conduire au
» bagne un failli malheureux, qu'un syndic
» incapable ou mal intentionné aura transformé,
» de par ses calculs erronés, en banqueroutier frauduleux. Voilà une articulation navrante, mais qui doit être affirmée bien haut,
» parce qu'elle est la conséquence d'un fait
» acquis.

» M. Monginot est plus fort que la majorité de
» MM. les syndics ; il se trompe quelquefois. »

M. Monginot se *trompe quelquefois*.

Le mot est lâché par le journal le *Haro*, malgré mon admiration pour l'*homme-flambeau*, je vais être dans l'obligation de soutenir ce que j'ai écrit. Aurai-je bien des difficultés à le faire ? Le lecteur en jugera tout à l'heure ; rectifions d'abord une articulation hasardée, celle qui me fit prétendre que l'expert correctionnel était plus fort que la majorité des syndics !

Si j'admire en M. Monginot l'esprit du brillant criminaliste, si le génie de la logique de l'incrimination l'illumine, disons en revanche que, si c'est comme praticien de la science commerciale qu'il prétend établir sa gloire... je ne laisserai pas passer le glorieux sans le mettre face à face avec ses *lauriers*, et le public décidera si mon expertise n'est pas de nature à démontrer que le cachet de la fragilité humaine se trouve tout entier au coin de ce rapport *Londynski*, dont les errements semblent avoir lutté avec le nombre des chapitres ouverts à son développement colossal.

Nous aussi NOUS SOMMES EXPERT! et jamais on n'a eu à constater une erreur dans nos expertises, quand M. le Président, M. le Procureur impérial ou l'instruction nous ont fait l'honneur de nous nommer, pour aider à la justice dans des affaires *ordinaires* ou correctionnelles.

L'EXPERTISE

Tes rayons, ils en font des piastres! Tes splendeurs,
On les souille, ô géant! se peut-il que tu dormes?
On vend ton sceptre au poids, un tas de nains difformes
Se taillent des pourpoints dans ton manteau de roi.

V. HUGO.

Nous avons déjà dit que les expertises correctionnelles n'étaient pas contradictoires; elles ne se font donc pas en présence des prévenus.

Comment se fait-il qu'il se trouve des hommes assez habiles, ou assez peu consciencieux, pour accepter une mission aussi délicate dans de telles conditions? Ce problème n'est pas résolu; mais nous constaterons que ce que *la matière civile repousse* est élémentaire, quand l'honneur et la fortune des familles se trouvent au pilori du banc de bois des prévenus détenus!

L'arrêt de la Cour suprême justifie-t-il complétement les étranges rapports que nous avons pu lire? La Cour suprême a-t-elle pu croire que la pratique travestirait ainsi sa pensée? Nous ne le croyons pas.

L'expertise est-elle donc une chose si peu utile que l'instruction ne lui assigne qu'une importance médiocre; ne vient-elle que comme un auxiliaire appelé à renseigner sommairement sur certains chiffres qui ont pu laisser un doute mathématique sur la sincérité de leur affirmation?

Que non pas.

Si l'expert était ainsi réduit à la position d'une machine à vérification, l'esprit de l'arrêt de la Cour, qui ne considère l'expert que comme un praticien comptable, n'aurait rien de désastreux.

D'où vient donc le mal? C'est qu'ici comme partout *la pratique*, travestissant à sa guise le vœu de la Cour, fait de l'expert une puissance dont les interprétations et les calculs deviennent les éléments les plus sérieux d'une accusation qui délègue ses pouvoirs sur toutes choses, et qui a dans son mandataire une confiance sans bornes. C'EST AINSI !

Rien de plus brutal et de plus éloquent que les faits. Prouvons, au lieu de discourir.

Voilà comment est libellée la page-couverture

du volumineux rapport de l'importante affaire dont nous nous occupons ici :

RAPPORT A M. EUGÈNE DANIEL

Juge d'instruction au tribunal de première instance de la Seine

Par Alphonse MONGINOT

Expert teneur de livres, boulevard Montmartre, n° 2, sur la procédure suivie contre les époux dits Londynski, Lemetais, Pélin et autres inculpés d'abus de confiance et d'escroqueries.

Après cette page, on lit une ordonnance de M. E. Daniel qui dit qu'il y a lieu de procéder à la vérification des livres de la maison de banque, rue Richer, 26, pour savoir : 1° si la Société Lemetais et Londynski a une existence sérieuse ; si les opérations de cette maison n'ont pas été frauduleuses, et destinées à persuader l'existence des faits spécifiés en l'*art.* 405 du Code pénal, et si, à l'aide de ces manœuvres, ils ne se sont pas fait remettre diverses sommes par les princesses Labanooff et de Wolkonski ;

2° Rechercher quelle est la nature de la Société, Fabart et Cᵉ, dresser le bilan de cette maison ;

3° Qu'il y a enfin nécessité d'établir la situation de la maison de confection créée par madame Londynski, dont le nommé M*** paraît être le gérant.

Après cette ordonnance suit la nomenclature des pièces remises à l'expert, qui en donne récépissé!

Qu'on me permette ici une simple observation : *L'instruction se met en mesure pour s'assurer des pièces qu'elle remet à son expert : qui assurera au prévenu la conservation des siennes, puisque les prescriptions de l'art. 39 du Code de procédure sont considérées comme un luxe dont l'instruction se dispense?*

Seconde observation.

Du titre même du rapport de M. Monginot, il ressort à l'endroit de ses qualités qu'il est simplement humble expert teneur de livres.

L'ordonnance de M. le juge d'instruction semble lui accorder des mérites plus étendus.

Elle ne le nomme pas seulement aux fins de savoir si la comptabilité est régulière, si les balances sont exactes, si le *double emploi* ne se trouve pas dans les opérations.

Le mandat de M. Monginot s'étend... il doit décider si (405 C. p.) :

En usant de faux noms, fausses qualités, soit en employant des manœuvres frauduleuses, pour persuader l'existence de fausses entreprises, d'un pouvoir ou d'un crédit imaginaire, etc., etc., etc., par un de ces moyens, Messieurs tels et tels n'ont pas escroqué ou tenté d'escroquer totalité ou partie de la fortune d'autrui.

Je ne savais pas M. Monginot *vivant-jurisconsulte* : pourquoi ne rehausse-t-il pas de ce titre la qualité d'expert teneur de livres que nous lui voyons prendre?

Quand une loi aura établi des experts teneurs de livres, docteurs en droit, juges d'instruction auxiliaires, je n'aurai plus rien à dire contre la régularité du mandat des experts correctionnels.

Troisième observation :

A l'art. 61, Lettres de Londynski à Pélin, on lit : Vente fictive du mobilier de la rue de Rumfort. (Notez en passant.)

La première appréciation de l'expert jurisconsulte va me mettre à regret dans l'obligation de faire une TROISIÈME OBSERVATION.

« Londynski devait payer à M. Laurent Salles » une somme de 75,000 francs, échelonnée en » trois payements ainsi fixés :

Le 15	novembre	1859	15,000	francs ;
id.	id.	1860	30,000	id.
id.	id.	1861	30,000	id.

» Il devait payer à 5 pour 100 l'an les » intérêts sur ce chiffre de 75,000 francs, et » pour cela en 1858, il n'avait reçu que 55,000 fr. » La différence entre 55 et 75 était donc de » 20,000 francs à titre de prime.

» ON DOIT SUPPOSER (dit l'expert), pour justifier

» le chiffre élevé de cette prime que Londynski a » fait croire à des bénéfices considérables qu'il » *pouvait faire* sur des spéculations de bourse. »

M. Monginot, jurisconsulte, dit qu'*on doit* SUPPOSER, etc.

Je ne sais pas où l'honorable expert puise sa logique dans les *suppositions* qu'il veut qu'on fasse *à fortiori*. On doit *supposer!*

Je *supposerai* tout autre chose (sans être expert) : j'arriverai plus près de la vérité.

Celui qui offre de tels avantages sait d'avance qu'il ne sera pas à même d'en faire jouir celui qui doit en bénéficier. La personne qui accepte un pareil traité a perdu le bon sens, ou le sens moral.

Cette OBSERVATION terminée ainsi d'une façon toute bénigne, nous passons à l'article M*** et Pélin, sur lequel on lit :

Au folio 26 et suivants de l'exposé préliminaire, nous avons copié les actes de Société en commandite passés entre M. et dame T. Piérard.

Nous avons énoncé ensuite :

1° Que M... avait des rapports très-suivis avec Lemetais, Londynski et Pélin ;

2° Que Londynski prenait son domicile chez M... pour les billets qu'il souscrivait et pour les opérations de bourse;

3° Qu'ils se sont tous réciproquement souscrit des billets de complaisance;

4° Que M... a déposé des marchandises au Mont-de-Piété pour Londynski;

5° Que la dissolution de la Société a été décidée aussitôt que Londynski eut disparu;

6° Que le sieur Pélin a été chargé de tous les actes de la dissolution et de la liquidation. Nous allons relever les documents qui établissent ces faits, ainsi que les écritures qui établissent le bilan actif et passif de M...

Les formules de la correspondance expliquent l'intimité des rapports entre M..., Lemetais, Londynski et Pélin.

Suivent différents extraits des livres, des notes sur un mouvement de billets dits de complaisance dont nous parlerons tout à l'heure.

Des explications et des interprétations plus ou moins exactes sur la correspondance Londynski et M..., des notes sur les engagements des bijoux.

Au *primo* de l'honorable expert, je répondrai par une cinquième et très-respectueuse OBSERVATION :

Comment a-t-il pu voir que M... avait des rapports très-suivis avec Lemetais?

Cette note est erronée : jamais le sieur M... n'a eu de rapports suivis avec Lemetais ; en deux années il ne lui a pas parlé six fois.

Au *tertio* l'expert dit :

« Ils se sont tous souscrit des billets de complaisance. »

L'expert ne peut pas avoir eu l'intention de mentir, j'en suis certain ; mais il est tombé dans une grossière erreur en avançant ce fait.

Jamais Lemetais n'a souscrit de billets à Pélin, jamais Pélin ne lui en a souscrit.

Si Pélin a souscrit des billets à Londynski ou pour Londynski, ces billets étaient sérieux et ils reposaient sur une cause certaine. — Ils représentaient des *valeurs en recouvrement* qui en garantissaient le payement, ils étaient loyaux dans leur création, et leur solde opéré en temps utile justifie l'affirmation que je fais.

Il en était de même quand M... souscrivait ou garantissait des valeurs à Londynski, sous la référence de la *couverture* de sa commandite.

Dans tout ceci, monsieur l'expert teneur de livres a fait une grossière erreur, que le *vivant jurisconsulte* eût bien dû corriger.

Puisqu'il s'est oublié à ce point, je vais apprendre à un expert teneur de livres ce que c'est qu'un billet de complaisance.

Le billet de complaisance est celui que les commerçants embarrassés se souscrivent entre eux, sans qu'il soit le résultat d'une opération commerciale. — C'est encore un échange de valeurs afin de battre monnaie sur une spéculation fictive. — Pierre souscrit 1,000 francs à Paul, — Paul souscrit 1,000 francs à Pierre, et tous deux *brocantent* ainsi un billet libellé au nom des embarras commerciaux.

Mais ne vous y trompez pas, M. l'expert, celui qui possède un capital appartenant à Pierre, et qui s'engage pour une somme qui ne dépasse pas le capital versé, ne pratique pas ce que le commerce appelle la garantie de complaisance;

En couvrant Pierre jusqu'à concurrence de son apport réel, il y a obligeance et rien de plus.

Dès que vous aurez une *couverture* sérieuse, le billet de complaisance disparaîtra.

Je donne donc un démenti formel, tant pour mon compte que pour celui de M..., à l'endroit des insinuations relatives aux billets de circulation— chose de bien peu d'importance après tout, puisque les prétendus billets de complaisance ont été payés à leur échéance sans aucun retard.

Au *quinto*, l'expert fait observer que la dissolution de la Société M... a été décidée *aussitôt* que Londynski eut disparu.

Je relève le *aussitôt* et comme SIXIÈME OBSERVATION je dis que tout ce qui a été si péniblement élaboré par le *vivant jurisconsulte* eût pu être établi d'une façon plus nette et plus positive, si cet homme éminent était venu se renseigner près de son dévoué serviteur, Gabriel Pélin, qui ne s'est jamais refusé un seul instant à rendre hommage et à aider à la justice.

La note 5 est donc erronée comme les précédentes que j'ai critiquées; j'en ferai la preuve dans mon résumé général.

Elle est inexacte comme la cote 57, qui dit que Londynski n'ayant pas trouvé d'argent en Russie, charge Pélin de le représenter près de ses créanciers.

Enfin elle est de la même farine que la note sur la cote 61, pièce 13, qui parle d'UN pouvoir donné par madame la princesse Wolkonski à Pélin pour soutenir ses discussions avec les entrepreneurs de son hôtel.

Tous les pouvoirs donnés à Pélin sont antérieurs au départ de Londynski pour la Russie, dit l'expert.

La princesse n'a jamais donné à Pélin que des pouvoirs spéciaux contre chaque fournisseur;

plusieurs sont signés postérieurement au départ de Londynski; nous savons pour quelle cause on désirait réunir ces pouvoir en un seul.

Historien, écris donc l'histoire, ou cède ta mission à de plus habiles.

Passons encore en posant nos chiffres; nous additionnerons à notre tour.

LES ÉLUCUBRATIONS DE L'EXPERT

(SUITE)

> Les publicains et les femmes de mauvaise vie arriveront plutôt que vous dans le royaume de Dieu.
>
> *(Nouveau Testament.)*

Le *vivant-jurisconsulte*, en parlant de certains comptes de la commandite, réglés par Pélin, dit :

« Le sieur Pélin, mandataire des époux Londynski, ne devait pas accepter ces comptes sans examen, et les reconnaître par une liquidation faite à la hâte, et terminée en quelques jours. »

Je ferai une septième *observation* à l'expert en lui demandant par quel document il a pu acquérir la conviction nécessaire pour OSER ÉCRIRE que j'avais accepté les comptes SANS EXAMEN. Je lui demanderais encore ce qu'il appelle une liquidation hâtive, et comment, sans m'avoir vu, sans me demander un mot d'explication, il a pu dire que cette comptabilité, que je connais comme si elle avait été établie par mes soins, avait été acceptée dans sa régularisation sans examen.

Expert teneur de livres, vérifiez les colonnes de nos chiffres. Voyez si les *contrepassements* de notre grand-livre relèvent des inexactitudes. — Voyez si nos écritures peuvent laisser une place à la fraude, si des irrégularités s'y rencontrent. — Dites si nos frais généraux accusent le désordre; si notre commerce s'établit sur un mouvement factice. En un mot, faites votre métier d'ouvrier en chiffres, mais n'allez pas plus loin : je vous défends de dire que j'accepte les comptes sans les soumettre à un scrupuleux examen.

Qu'appelez-vous ensuite une liquidation hâtive?

Savez-vous que vous êtes superbe dans votre style réquisitorial!

Depuis plus de deux mois la commandite de 80,000 fr., réduite des trois quarts par les payements successifs quelle avait faits pour Londynski, avait régulièrement préparé les éléments de son bilan actif et passif; j'avais, chaque soir, pendant plus de quinze jours vérifié ce travail.

L'inventaire fait par chaque commis de rayon clôturait cette opération, — il ne restait donc après cet inventaire, qu'à faire les additions et la balance. — Une demi-journée pouvait suffire à cette opération; nous y avons mis plus de jours qu'il ne fallait d'heures!

Vous appelez cela une liquidation hâtive?

Je vous défends de m'appeler ganache, monsieur le jurisconsulte.

Passons maintenant à un fait plus grave, où l'appréciation de l'expert teneur de livres s'efface devant la science perspicace du criminaliste auxiliaire.

M. Monginot dit :

« Un petit registre, sur lequel le sieur Pélin in-
» scrivait les payements effectués par Londynski,
» prouve *que son intervention n'avait pour but*
» *que de conserver à Londynski un actif qui ap-*
» *partenait aux créanciers de ce dernier.* »

Si cette appréciation, qui ne repose sur aucun fait et se produit au milieu des pièces qui établissent que les efforts constants de M. Pélin ont tendu à faire payer ceux auxquels Londynski devait quelque chose, n'est pas une diffamation, il faut avouer qu'elle y ressemble un peu.

Cette observation faite avec toute la modération dont nous sommes capable, nous remet en mémoire un enseignement célèbre :

« De la boue, toujours de la boue, encore de la boue !... il en restera toujours quelque chose... » s'écriait un jour un Danton *moderne*.

Pour bien donner une idée de tout ce que renferme de *paternel* l'insinuation de l'expert, apprenez ce que mentionne le petit registre mis à l'index :

UNE SÉRIE DE REMBOURSEMENTS OPÉRÉS PAR PÉLIN, AU BÉNÉFICE DES CRÉANCIERS DE LONDYNSKI ET DE MADAME LA PRINCESSE.

Voilà comment Pélin conservait un actif à Londynski.

En ce qui concerne la commandite de 80,000 f., tous les prélèvements autorisés par Pélin sont affectés au payement des fournisseurs des princesses; et relativement à cette liquidation réputée hâtive par M. Monginot, et qui doit fournir à bref délai, à Londynski, un capital appartenant aux victimes qu'il a faites :

Il résulte de la correspondance et des faits que c'est afin de payer les créanciers de madame la princesse que cette commandite se liquide. — Pélin soupçonne si peu une fraude, qu'il accorde UN TERME DE TROIS ANNÉES pour le remboursement des 15,000 fr. qui font le solde du remboursement du capital de la commandite.

Voilà la vérité ! vérité qui n'est pas contestable,

éclatante comme la lumière; se prouvant avec des chiffres et des documents ayant date certaine... il est impossible de la dénier...

Et voilà comment M. Monginot l'avait expliquée!

Faut-il encore d'autres éléments pour prouver ce que valent ces fiers rapports?

Au folio 137 de son expertise, M. Monginot dit:

« Quant à Pélin,

» *Il a mis sous le nom de M. ***, par un acte* » *simulé, le mobilier de la rue de Rumford, qui* » *appartenait aux créanciers de Londynski.* »

Il a provoqué et précipité la liquidation de M. *** et Ce, aidant ainsi Londynski à détourner une partie de son actif.

Nous avons répondu en disant de quelle façon se faisait cette liquidation réputée HATIVE.

Voilà maintenant pour l'acte simulé.

Constatons d'abord qu'un acte de vente n'est pas de nature à être expertisé par un teneur de livres. M. Monginot, *vivant-jurisconsulte*, est-il autorisé par l'arrêt de la Cour de cassation à donner son avis comme AUXILIAIRE DE M. LE JUGE D'INSTRUCTION SUR DES FAITS DE CETTE NATURE? M. le juge d'instruction lui-même A-T-IL LE DROIT DE LUI DÉLÉGUER DES POUVOIRS A CET EFFET?

Cela paraît douteux.

Passons maintenant au fait même.

Le logement de la rue de Rumfort avait été saisi par des créanciers de Londynski ; il en fut prévenu à Saint-Pétersbourg et il écrivit alors à M. Pélin :

« *Ce mobilier n'est pas à moi, le loyer ne me coûte rien, il est payé par la personne à qui il appartient, il faut sauver ce mobilier à tout prix.* »

Sauver ce mobilier était un devoir. M. Pélin exécuta l'ordre qui lui était donné, en payant le montant des saisies qui le frappaient ; mais comme d'autres saisies pouvaient menacer encore le logement de la rue de Rumfort, il fit, en effet (en copiant le procès-verbal de la saisie, dont il avait payé la main-levée), une vente par acte unilatéral au nom de M. ***, laquelle vente, dûment enregistrée, lui permettait, en cas de nouvelle saisie, de revendiquer et d'empêcher la vente de ce mobilier, qui n'appartenait pas à Londynski.

Le vivant-jurisconsulte Monginot, qui doit connaître *ex professo* les ressources de la procédure, était-il capable d'indiquer un autre moyen sérieux de revendication ?

Si, dans l'espèce, la vente était fictive, ne reposait-elle pas sur un droit de propriété sérieux ? n'était-ce pas pour conserver le mobilier au propriétaire véritable que l'acte de vente était rédigé?

L'instruction savait cela dès le premier jour; Me C., le notaire, le savait... l'expert lui-même ne devait pas l'ignorer. Admettons qu'il l'ignore en ce moment, nous lui dirons :

La personne qui payait le loyer du logement de la rue de Rumfort... celle qui était propriétaire du mobilier que vous avez prétendu qu'on voulait détourner au détriment des créanciers, — celle enfin à qui Pélin désirait conserver sa propriété légitime;

C'est celle qui a écrit deux lettres, dont vous pourrez prendre connaissance en lisant les cotes 62 et 65 du dossier-annexe!

Qu'en dites-vous?

Voilà donc où nous conduisent ces fières expertises dont l'instruction croit devoir appeler les lumières!

Au lieu d'éclairer, elles font le chaos!

Nous répétons donc ce que nous avons déjà écrit cent fois: *la procédure est une ruine*, une calamité générale; elle entrave l'action de la justice.

Les ignorants confondent pourtant la justice et la procédure.

Rien de commun entre ces deux éléments.

La justice française est grande, éclairée, indépendante, au-dessus des passions qui s'agitent et qu'elle domine; respectée de tous, elle passe au milieu des populations, qui s'inclinent devant elle.

La procédure est maudite par tous ceux qui se sont heurtés à son égoïsme.

Qu'est-ce donc que l'expert correctionnel?

Rien autre chose qu'un procédurier.

La justice est gratuite.

L'expertise se paye d'avance . . . .

. . . .

Que de choses à dire sur celles qui sont assujetties à un tarif.

Si nous avons bien été renseigné, l'expertise de M. Monginot s'est divisée en deux parties distinctes soudées après coup. — Un premier rapport qui fut terminé avant la rentrée des vacances, puis un second ou une augmentation de la besogne faite, remis aux mains du juge d'instruction le 25 novembre.

Ce rapport devait, après une si longue période, compter parmi ces documents précis qui ne peuvent supporter la moindre critique; il était, avait-on dit, d'une clarté à faire pâlir celle de l'huile-gaz.

Nous avons dit qu'antérieurement à ce procès nous avions été appelé à vérifier différentes pièces comptables émanant de la savante plume de M. l'expert teneur de livres Monginot... Nous avions trouvé des erreurs mathématiques si grossières, que toutes mes notions philologiques sur le mot expert en avaient été bouleversées.

Pour citer un exemple de ces fioritures, qui semblent le côté le plus caractéristique de la physionomie des pièces que nous avons sous les yeux, nous constatons un léger écart de plume qui fait que M. Monginot, dans le compte des 69,000 roubles que madame la princesse Labanoff versa en novembre 1861, les porte pour la somme de 376,000 fr., tandis qu'au change de 3 fr. 80 c. ou 3 fr. 82 c. le rouble argent, cela ne produit qu'une somme de 263,580 fr., ce qui fait une *légère différence* d'environ CENT TREIZE MILLE FRANCS.

Qu'on nous permette de jeter un pleur d'attendrissement sur cette expertise splendide, où le talent du maître se révèle tout entier.

Si c'est en procédant ainsi qu'il est réputé aider la justice de ses lumières, prions pour que sa chandelle reste sous le boisseau.

L'expertise fut, dit-on, entravée par un défaut de provision qui justifia ses lenteurs en allongeant la détention préventive des sujets confiés à son expérimentation?

Un voile couvre encore pour nous le fond de cet arcane : nous en chercherons l'explication sur les tables d'Hermès.

limbes : ce sont certaines notes, certains communiqués confidentiels qui ne figurent pas au dossier, ou pour mieux dire qui n'y figurent que pour les besoins des parties civiles. — Ces choses sans nom émanent-elles de l'expert ou des agents occultes de l'instruction?.. Nous ne saurions le dire.

Sur la foi d'un de ces documents, nous fûmes signalé comme n'ayant pas d'état civil, comme abusant de fausses qualités, faux titres, fausses professions, si bien que l'accusation en bondit de joie, pensant qu'elle avait sous la main un sujet excellent à garder.

Nous serons généreux avec elle, en ne parlant pas des mécomptes résultant des investigations de son *socius*, et en n'abusant pas de la déconfiture la plus complète que puisse essuyer un policier réduit à s'escamoter lui-même devant le *fiasco* de tous les rapports de ses estafiers.

Il en est encore un autre qui apparaît dans les

ARCANUM.

Il a fallu que le procès Londynski permît à nos lumières de suivre les phases de son instruction, pour savoir de quelle façon s'obtiennent certains renseignements réputés *les plus positifs*.

L'un de ceux qui furent appelés à en fournir sur le compte de Pélin, et dont les actives démarches furent sans doute rémunérées à leur juste valeur, se fit distinguer au milieu d'une escouade de thuriféraires moins habiles, dont tout le talent consistait à interroger sur ses faits et gestes les portiers et fournisseurs des différents lieux qu'il avait habités.

Avant de nous étendre sur le héros de cet escadron volant, citons parmi *ces messieurs* un des chevau-légers spécialement affectés au service de notre personne (il s'appelle G. et demeure rue Saint-Georges, à Batignolles) qui se présenta à notre domicile, afin d'y chercher ce que l'on ne trouvait pas.

Madame Pélin et madame *** lui donnèrent communication de nos notes, — ce monsieur était en règle, il avait sa carte ou sa médaille, ajoutons pour rendre hommage à la vérité, qu'il fut très-convenable.

Occupons-nous spécialement dès maintenant du personnage principal, du zélé *socius* dont le bâtiment neuf reçut fréquemment les visites; dont le dévouement galopa cent fois de la rue de Labaume au cabinet de l'instruction, en signalant Pélin comme n'ayant pas d'état civil, et capable des plus horribles méfaits.

Pour donner une jnste idée à madame la princesse de la calamité qui s'attache à un pareil homme, nous allons dire quels sont ses hauts faits, et ce que valent ses *vertus*.

Indépendamment des choses peu édifiantes que chacun a pu constater, *grâce à nos notes*, nous ajouterons:

« Excellent fils, il trouva le moyen d'établir des états qui firent qu'à soixante-dix ans, il fit passer monsieur son père, sous-officier en retraite, par les grades de sous-lieutenant, lieutenant, capitaine, et à lui faire *émarger* la pension de ce rang. — Pour augmenter cette pension il *l'enca-*

talogua également comme chevalier de Saint-Louis, et fit toucher à ce titre un secours à madame sa sœur. »

Dans certaines occasions et pour les besoins de sa cause, ce brillant faiseur se disait fils de général; de son autorité privée il faisait mourir monsieur son père sur le champ de bataille... c'était d'un excellent effet!

Madame la princesse a dû sans doute verser un pleur au récit de cet épisode inventé par le génie de la piété filiale.

Mais ce que le *héros* oublie de dire nous l'apprendrons. La tendresse filiale a quelquefois ses dangers.

On qualifia de *pièces fausses* celles qui avaient été produites pour obtenir les différents émargements que nous avons cités. Heureusement pour *l'excellent fils*, on lui passa en ligne de compte les services d'un vieillard qui n'avait eu aucune connaissance des moyens employés pour arriver à grossir sa pension. L'affaire fut étouffée. On invita la piété filiale à *aller se faire pendre ailleurs*.

Voilà donc à quelle source se puisaient les inspirations de l'accusation! Et c'est également sous cette influence que l'un des plus éminents avocats du barreau de Paris allait, lors des premières plaidoiries, sur la foi des *faux renseignements* qui avaient fait sa conviction, déverser un blâme immérité sur des hommes parfaitement honorables, et dire, en parlant d'un notaire dont la conduite est irréprochable :

Maître C... n'est point en cause, mais permettez-moi de dire qu'il a été bien imprudent, bien léger.

Voilà où conduisent les pièces occultes, et les renseignements donnés par... vous savez qui?

M. l'avocat impérial Aubépin, dont chacun se plaît à reconnaître la bienveillante modération et le talent, est également trompé par les mêmes éléments.

Aussi une interruption doit troubler un instant la troisième audience, en protestant contre une affirmation de son réquisitoire.

M. le Président doit faire expulser l'interrupteur : c'est justice, car l'audience ne doit pas être troublée.

Disons aussi, pour la justification de ceux qui protestent en pareilles circonstances, que le cri de la conscience qui se révolte contre une accusation erronée est bien difficile à retenir.

En tout état de cause, ce qui ne sera contesté de personne, c'est que l'affaire Londynski est arrivée à l'audience sous un jour tout différent de celui sous lequel on crut l'envisager aux premiers pas de l'instruction.

Il semblait, au début, qu'une vaste association de malfaiteurs s'était formée pour enceindre l'hôtel de la rue de Labaume, et le dévaliser de ses millions; on a parlé des affiliés aux conférences de la rue de Tivoli : les débats vous ont fait voir quels étaient ces terribles conspirateurs.

La lettre de Pélin à M. l'avocat impérial Legendre se trouvait ainsi pleinement justifiée; quand il écrivait, *en parlant des travaux annexes de l'information* :

« Qu'on m'interroge, et je dirai ce que produira cette montagne en travail ! »

S'était-il donc trompé?

On ne le croira pas, quand il persiste à dire que, si le *Bâtiment neuf* l'avait fait venir dans ses cabinets et y avait un peu moins reçu le fils du capitaine interlope dont nous avons énuméré les titres, tout le monde y eût gagné : Madame la princesse, plus que tous, et elle eût évité de faire une mauvaise rencontre.

Enfin... puisque le mal est fait, disons comme l'Arabe : « *C'était écrit!...* »

SUR LA LOGIQUE DE LA PRÉVENTION

Et sur quelques menus détails.

Il y a longtemps que nous faisons la guerre à la détention préventive; on ne nous accusera donc pas trop de nous draper dans la toge de l'intérêt personnel et de ne faire un livre que pour nos besoins, en criant notre mésaventure sur les toits.

Qu'on l'entende comme on voudra, c'est une question toute de détail, qui nous préoccupe médiocrement; ce qui est plus positif, c'est que nous allons, dans notre intérêt ou dans celui de tout le monde, porter aux zélateurs de la prévention une botte que nous leur défendons de parer.

Gabriel Pélin est détenu préventivement parce que madame la princesse de Wolkonski l'a accusé d'avoir probablement aidé son docteur à manger l'argent qu'elle lui a prêté..... Il est à Mazas, où il se trouve très-mal.

Mais la Providence, qui le favorise, veut qu'il ait commis un délit de presse qui l'a fait condamner à trois mois de prison. Grâce à cette bienheureuse condamnation, voilà que ce cher délinquant peut échapper à la cellule et à ses prescriptions inhumaines; il est transféré à Sainte-Pélagie, qui est au moins une prison supportable, administrée par un directeur intelligent et homme du monde, où l'humanité n'est pas, comme dans le *Mazas préventif*, portée tout entière au compte des profits et pertes de son règlement.

On serait heureux de rencontrer un casúiste qui se chargeât de relever la moralité bouffonne de cet illogisme saisissant. Hélas! on n'aura pas cette joie!

Ne parlons même pas de la position de faveur faite aux délictueux de la presse; prenons le premier condamné venu : la situation sera la même. Ainsi il est permis de dire théoriquement à un prévenu qui a devant lui la perspective de sept ou huit mois de détention préventive :

« Rossez les agents de la force publique ou n'importe qui; cassez quelques lanternes; faites un scandale ; enfin arrangez-vous pour vous faire condamner sur-le-champ pour quelque chose de pas trop compromettant, vous aurez le moyen d'échapper au système préventif de Mazas.

Holà ! messieurs les administrateurs qui avez fait des règlements aussi absurdes ! que voulez-vous donc qu'on pense de vous ?

Ce que nous pensons, c'est que les prisons et leur organisation doivent être refondues en entier.

Sainte-Pélagie est aujourd'hui la prison modèle comme administration ; ses constructions sont seules défectueuses. M. Lefébure, son directeur, est un parfait gentleman ; nous nous empressons de dire qu'il honore la position qu'il occupe.

M. l'abbé Caille des Mares, aumônier de la prison, est également un de ces hommes dont on se *plaît à reconnaître les mérites et l'inépuisable charité.*

M. l'aumônier de Sainte-Pélagie, que nous avons été à même de juger par ses œuvres, est un de ces ecclésiastiques dont l'indépendance lutte sans cesse contre les mesures iniques. Il n'est le complaisant d'aucune volonté arbitraire : il est en même temps le serviteur de l'Église et l'apôtre de la charité réparatrice...

Honneur à M. l'abbé Caille des Mares !

Voilà donc ce que nous avons à dire sur la prison pour peine et son administration.

Passons en revue la prison préventive de Mazas.

M. de Laroche-d'Oisy, ancien commandant de gendarmerie en retraite, en est le directeur. Cet officier parfaitement honorable, que de grandes infortunes ont éprouvé, occupe-t-il bien le poste qui lui est confié?

La question devient ardue.

Mazas, si les prescriptions du Code d'inst. crim. doivent être suivies, représente une violation de la loi.

La loi ne permet l'encellulement que comme moyen répressif.

Mazas, qui reçoit DES PRÉVENUS DONT BON NOMBRE sont *acquittés, ou renvoyés par ordre de non lieu,* est soumis à une discipline qui exclut encore une foule de faveurs que le règlement de Sainte-Pélagie autorise.

M. le Directeur, rigide comme son col d'ordonnance, est à cheval sur son règlement, n'osant pas prendre sur lui les modifications que l'humanité commande. L'instruction doit lui tresser des couronnes.

M. Pélin étant malade demanda à M. le chevalier de Laroche-d'Oisy l'autorisation de faire entrer un oreiller.

— Le règlement s'y oppose, dit M. le Directeur.

Un jour de parloir, M. Pélin était atteint d'une de ces affreuses migraines qui sévissent contre ceux qui ont longtemps voyagé dans le Sud.

Sa femme sollicita en vain l'autorisation de le voir.

M. le Directeur répondit qu'il fallait que la prudente sagesse de M. Daniel accordât cette faveur : M. Pélin *était à l'infirmerie.*

On ne doute pas que M. le Directeur n'ait suivi le règlement au pied de la lettre... mais on se demande alors si, dans des conditions administratives aussi restreintes, contraint de se trouver ainsi réfractaire à la franc-maçonnerie des gens du monde, un parfait gentleman peut accepter une pareille situation?

Il y a à Mazas UN HOMME : c'est l'honorable docteur Jacquemain, chevalier de la Légion d'honneur, et avant toutes choses homme de bien.

Si on enlevait à Mazas son médecin, il ne resterait plus qu'à inscrire au fronton de sa geôle :

Au tombeau de l'humanité!

Le populaire ameuté a démoli la vieille Bastille et ses *horribles* cachots : il y en avait sept !

La *boutique* et son roi populaire ont édifié le philanthropique Mazas : il y en a douze cent huit !

Faites donc des révolutions !

La morale de ceci est :

Que Dieu vous garde de Mazas et des expertises de M. Monginot.

Tel est le souhait que nous ferons à nos lecteurs.

M. Lemetais fut, dans les premiers temps de sa prévention, incarcéré à Mazas ; mais, grâce aux actives sollicitations de sa femme, il obtint un transfèrement aux Madelonnettes, faveur à laquelle il attribue d'avoir conservé sa vie et sa raison.

M. Lemetais professe, dit-on, une sainte horreur pour les cellules de ce hideux monument; nous sommes de son opinion, et cependant les inventions de la *torture philanthropique* doivent nous produire moins d'effet qu'à beaucoup de gens.

Nous avons couru le monde et bataillé ; on nous fit prisonnier de guerre dans des pays assez incléments et peu civilisés ; nous avons expérimenté la vie des Pontons et celle des forts...

Nous avons été quelque peu transporté en 1848 : faisons-en l'aveu à nos lecteurs, en leur confiant cela sous le sceau du secret.

Peut-être ces considérations ont-elles influencé

M. Monginot, qui nous aura cru démagogue et capable de tout; aussi lisons-nous dans la partie du rapport qui termine notre *biographie:*

Pélin s'est ainsi rendu complice des méfaits reprochés à Londynski.

Le vivant jurisconsulte s'est pourtant trompé de tous les côtés. La chambre du conseil a eu la peine de reconnaître, contrairement aux dires de l'expert teneur de livres, que ce cher Pélin n'était pas complice de Londynski.

Et il n'est pas plus démagogue qu'il n'est complice du docteur de madame la princesse.

Il n'est pas plus dépourvu d'état civil régulier qu'il n'est démagogue.

Il a offert à son juge d'instruction de lui montrer quelques titres épars qui prouvent que son père, *noble homme*, ancien officier des maisons des roi et reine, Louis XVI et Marie-Antoinette, a été trente ans maire du Chesnay, juge de paix suppléant à Versailles, que sa grand'mère, fille du très-puissant seigneur d'Epernay, alliée à M. Bignon, intendant du Soissonnais, a transmis à ses héritiers des lettres patentes qui pourraient fort bien ne pas être méconnues par un expert.

Qu'enfin, comme il est bon d'avoir des amis partout, nous *avons* un *défunt* oncle, M. Peuchet, ancien rédacteur du *Moniteur*, chef du bureau des archives de la préfecture de Police; que notre parrain est M. le duc de Grammont; que nous avions des oncles officiers supérieurs dans l'artillerie et la marine, et que nous sommes alliés *de la main gauche* avec d'assez galantes gens, sans que notre blason, qui porte *de gueule* avec *une tour et un gantelet de sinople*, ait la moindre barre transversale qui le dépare... admettant toutefois que le bégueulisme en fasse un reproche à ceux qui en ont une sur leur écu.

Ceci établi une fois pour toutes et afin de ne plus y revenir, nous allons parler une dernière fois de la commandite de 80,000 francs, faire quelques observations générales et terminer ainsi notre tâche.

LA COMMANDITE DE 80,000 FRANCS.

C'est sur cette commandite qu'a battu continuellement la grosse caisse de l'expertise. Nous avons fait connaître quel était le caractère de celui auquel elle avait été donnée; nous avons expliqué dans quelles conditions elle s'était restreinte, et dit que sa liquidation était la conséquence même de l'acte constitutif de la Société.

Notre mission près de madame Londynski avait eu pour but de la faire adhérer à appliquer la presque totalité des sommes dues par M*** à l'extinction des dettes de Londynski vis-à-vis des fournisseurs de madame la princesse.

Madame Londynski y avait consenti, et nous agissions dans ce but.

Où l'expert a-t-il vu que G. Pélin aidait à détourner un actif au préjudice des créanciers?

Les sommes hypothéquées sur le Vésinet, par acte de Me Bournet-Véron, avaient une semblable destination.

Voilà quelle fut notre complicité... On se demande comment l'expert a fait pour la voir si délictueuse.

Il a fallu son œil *amblyo-presbyopique,* et une *grâce* d'état toute particulière pour qu'il vît ainsi.

O fragilité de la *science!*

Reprenons maintenant un fait tout procédurier qui s'harmonise avec l'expertise et disons:

La commandite de 80,000 fr., liquidée le 25 juillet 1862, est à cette époque débitrice des époux Londynski (avec termes et délais) d'une somme qui ne s'élève qu'à 15,000 francs. Cette commandite ainsi démantelée, est à la veille de conclure avec un nouveau commanditaire, pour remplacer les 65,000 francs dont sa caisse est dépourvue.

L'avoué de madame la princesse la revendique tout entière, en s'écriant :

« *Elle doit être à nous!* »

Un procédurier vulgaire eût fait une opposition aux mains de M***, une défense de se dessaisir d'aucune somme appartenant aux époux Londynski.

En procédant ainsi, c'était opérer comme tout le monde. Où eût été le génie?

Il se révèle tout entier dans ce que nous allons voir.

Cette raison sociale régulièrement liquidée après l'écoulement de la période des trois années qu'elle devait avoir, cette maison, qui est la propriété de M*** qui n'est plus commandité. Les ayants-cause de madame la princesse s'écrient : « *Elle doit être à nous.* »

On introduit un référé, surpris par défaut (et nous savons à l'aide d'un clerc d'huissier *intelligent* comment on s'y prend pour que le défendeur soit défaillant), et la maison de confection de M*** est mise sous le séquestre.

Ce séquestre, vous pouvez en comprendre les conséquences; il met M*** dans l'impossibilité de prendre un commanditaire ou un associé ; et, malgré que M. Mauger y mette toute la galanterie administrative dont un séquestre judiciaire est capable, il n'empêchera pas le discrédit et la déconsidération de tomber sur la maison séquestrée.

M*** appelle devant la cour sur ce référé surpris par défaut.

L'éloquence de l'avoué de la princesse, en faisant connaître qu'un procès correctionnel s'instruit contre les auteurs de manœuvres frauduleuses dont M*** est complice, obtient le maintien du séquestre.

Le séquestre, c'était la ruine, la destruction!!!

Comment M*** a t-il pu résister sans crouler sous le poids de ses échéances... Voilà ce que nous ne nous expliquons pas : son activité et la confiance de ceux qui le connaissent ont pu seules conjurer une ruine imminente.

Eh bien! après le procès correctionnel, dont les débats ont donné le compte de la situation de M***; après que nos comptes et les siens ont été reconnus réguliers; après qu'une ordonnance de non-lieu nous a fait libre; après l'acquittement de madame Londynski; le séquestre est encore maintenu par les ayants-cause de madame la princesse. La parodie de la malle de Bilboquet se continue, et la folie procédurière répète encore le fameux :

« *Elle doit être à nous.* »

Bientôt nous verrons ce que deviendra cette résistance insensée, et nous dirons comment les chambres civiles comprendront un pareil acte en déterminant le chiffre des réparations dues en dédommagement du tort causé au magasin d'habillements confectionnés de M***.

CONSIDÉRANTS GÉNÉRAUX

Et humbles Observations de l'Auteur.

Ce livre sera-t-il lu par la personne qui nous a fait une obligation de l'écrire ? Nous l'espérons.

Si nous sommes assez heureux pour jouir de cet avantage, elle pourra reconnaître que, malgré la position difficile qui nous est faite, nous ne nous associons en rien aux manœuvres coupables de ceux qui essayent encore d'exercer sur elle une pression morale, en la menaçant *outre-Manche* d'un libelle qui ne fera qu'ajouter à la honte qui s'attache déjà à leur nom.

Nous le disons donc : quoi qu'ils fassent, cette œuvre impure dégoûtera, comme le laquais qui en a colporté ici les éléments.

Quant à nous, quel que soit le destin des *réparations civiles* que nous avons demandées, nous tenons à ce qu'on sache que rien ne nous révolte plus que l'exploitation de la femme par l'homme.

Nous sommes donc bien loin de pactiser avec les ennemis de madame la princesse, dont nous ne sommes l'adversaire qu'en vertu d'un point de droit.

Est-ce bien contre elle que la lutte est engagée? Nous ne le croyons pas ; nous espérons même que madame de Wolkonski ne nous a pas *sciemment* signalé comme *ayant* aidé ou *assisté* ceux contre lesquels elle a obtenu justice.

Comment admettre, en effet, que madame la princesse de Wolkonski ait pu nous accuser ?

Nous n'étions qu'un *ouvrier en chiffres*, et ce que nous avions à faire était d'une nature tellement conservatrice, qu'il était impossible de penser sans folie à nous accuser de fraude.

Un fait bien caractéristique excluait encore toute participation de notre part à un méfait.

Ne vous avions-nous pas le premier, princesse, prévenue que nous ne recevions pas de fonds, et que le vide de la caisse nous faisait connaître que vous couriez le danger de ne pas voir remplir par Londynski les échéances auxquelles vous deviez faire face ?

Nous vous avons ainsi mise à même de vous garantir contre des désastres plus grands.

Si nous vous avions fait croire à la solidité de la maison de banque, si nous vous avions annoncé des encaisses considérables à terme, vous étiez disposée à accepter avec faveur un mensonge de cette nature ; vous vouliez presque nous forcer à vous aider dans cette croyance, — et si nous avions fait cela, *vous* et *d'autres* perdiez encore des sommes considérérables..

Nous vous avons répondu avec la voix de la vérité brutale, — vous ne sauriez le nier...

Vous ne nous aviez jamais vu avant le 19 juillet 1862... et vous nous avez trouvé alors dans des conditions telles, qu'il vous était impossible de douter de notre sincérité.

Comment alors expliquer cette plainte si dénuée de fondement, si impossible dans ses articulations contre nous?

Ce sont vos procéduriers qui l'ont faite, vos procéduriers, et quelques autres de leur famille, qui vous ont fait épouser leurs rancunes contre *l'ex-gérant du journal* LE HARO.

De cette dénonciation calomnieuse que l'on vous a fait signer qu'est-il résulté?

Vous avez attaqué la liberté, la fortune et la réputation d'un homme qui ne vous avait jamais nui... A la sympathie que nous vous avions témoignée et dont nous vous avions donné des preuves, vous avez répondu par un acte de vandalisme, et quand nous vous en avons demandé la radiation, le cabinet de l'instruction a retenti des cris d'aigle que vous avez poussés.

Nous voulons bien que vos procéduriers vous aient dirigée.—Mais, en acceptant leur direction, vous avez endossé la responsabilité de leurs actes. — La loi nous dit que les *maîtres* sont civilement responsables de leurs *serviteurs*.

Ne vous étonnez donc pas, princesse, que nous vous demandions réparation de ce que nous avons souffert par le fait des vôtres. Nous sommes d'autant plus autorisé à le faire que nous n'avons com mis aucune imprudence, que rien ne pouvait autoriser le soupçon, et que vous saviez mieux que personne qu'aucune complicité ne pouvait exister entre nous et votre docteur.

Notre indignation n'a pas attendu l'heure du jugement pour flétrir l'abus et les dilapidations dont vous avez souffert. Nous ne les avons jamais excusés, même quand nous étions autorisé à croire qu'ils n'étaient que des *quasi-délits*.

Cependant le jugement qui a établi le caractère des faits coupables dont vous avez eu à vous plaindre nous a conduit fatalement à des réflexions pénibles, que nous croyons devoir vous communiquer.

Cette confiance si grande, qui témoigne de la naïve pureté de vos sentiments, peut cependant être signalée comme la première cause des pertes que vous avez subies, et au nom desquelles la réparation que vous avez sollicitée a été la source de maux plus grands que ceux dont votre imprudence vous rendait victime.

Réfléchissez-y bien, madame la princesse..... Il ne faut pas tenter la cupidité des rapaces, et il est certaines mesures conservatrices qui ne peuvent s'oublier sans qu'une certaine responsabilité incombe à ceux qui les négligent. — Rappelez-vous que l'Écriture sainte nous dit : « Tu ne tenteras pas le Seigneur ton Dieu. » — Était-il bien prudent de tenter la cupidité d'un homme en prêtant à *quinze pour cent* l'an, plus les *pots de vin* et les primes, les sommes si considérables que vous avez remises *manuellement* à votre docteur ?

Ce taux est reconnu loyal et honnête dans votre pays, mais, dans le nôtre, les codes le qualifient de *quasi-délit*.

Si vous n'aviez pas cru arbitrairement au génie financier de Londynski ; si vous aviez contrôlé ses premiers actes, il ne serait pas arrivé de chute en chute à la triste situation qui lui est faite... Au lieu de jouer le rôle d'hospodar et de se faire pseudo-banquier, il fût resté humble médecin : *on peut manger sans nappe*, a dit le poëte Béranger.

Sans laquais et sans équipages, il n'en eût pas été moins heureux, et il eût gagné tout ce que lui a fait perdre cette confiance illimitée, cause fatale de tant de désastres.

Nous ne savons pas, madame la princesse, si vous avez pu apprécier tout ce que nous portons de respect au caractère de la femme, et jusqu'où notre indignation monte quand nous sommes en présence des insulteurs de celles dont le poëte Legouvé a si bien dépeint les mérites.

Notre conviction est si grande à cet égard, que nous persistons encore à croire que vous ne vous êtes pas rendu compte du retentissement douloureux et des déchirements que causeraient les plaintes que vous avez signées.

Nous passerions peut-être au compte de profits et pertes du grand-livre de notre existence le *lapsus plumæ* qui vous fit ainsi responsable envers nous, si nous avions été seul atteint.

Remarquez-le bien, nous n'étions pas seul à souffrir quand vous avez sollicité contre nous le *carcere duro*.

En nous dénonçant calomnieusement, vous n'avez pas seulement attaqué notre liberté et notre fortune, vous avez compromis ce qui ne devait pas l'être... Femme, vous avez attaqué la femme; vous avez *touché à la hache*, voilà votre tort.

Sans faire ici l'éloge de madame Pélin, dont l'affection sans bornes ne s'est pas démentie un seul instant, et qui, comme en 1850, où elle s'exilait pour nous suivre, était encore prête à subir toutes les misères; nous dirons que notre captivité nous a imposé des devoirs de justice.

Nous constaterons d'autres dévouements auxquels les colères de vos séïdes insultaient à travers les grilles. Ils ont mal fait ! Vous savez, madame la princesse, que c'est une lâcheté insigne que de s'attaquer aux sentiments si dévoués des amitiés saintes, — cette considération augmentera encore nos obligations qui nous font un devoir de nous faire rendre justice en vous demandant la réparation civile.

La loi morale nous défend d'accuser sans commencement de preuves, quelquefois même elle commande d'être clément.

Il nous est arrivé quelquefois dans notre vie de nous voir outrageusement pillé par nos serviteurs; souvent nous avons été en droit d'appeler sur eux la juste répression des lois; nous ne l'avons pas fait, parce que nous avons pensé que derrière l'homme qui, par entraînement ou par imprudence, commet un méfait, il se trouve souvent des êtres faibles auxquels il donne le pain de chaque jour, et que la réparation accordée au nom de la société, qui fait un exemple, atteint souvent des innocents que le droit chrétien nous ordonne de protéger.

Nous le répéterons donc, madame la princesse : après avoir été généreuse et bonne, nous avons regretté que votre droit ne se soit pas modifié, quand vous avez tout à coup fait la contre-partie de cette générosité qui vous fit si longtemps croire aux bons instincts de la création.

Si vous aviez bien réfléchi aux douleurs que causeraient dans les familles les accusations de complicité que vous avez formulées, certes elles ne se seraient pas produites... Sans doute votre âme chrétienne eût été ébranlée dans ses colères et dans ses convictions... Peut-être en voyant, *nous ne dirons pas notre famille éplorée* (nous étions tout en dehors du procès, vous le saviez mieux que personne), mais en voyant madame Lemetais, dont l'affection si touchante a été admirée, même dans les corridors du bâtiment neuf ; en voyant sa douleur si grande, sa conviction si ferme et si profonde, vous auriez probablement cru Me Nogent de Saint-Laurens, disant :

« Les pères de famille dévoués, les cœurs hon-
» nêtes seuls, ceux enfin dont la vie est sans

» reproche, sont seuls capables de surexciter de » pareils dévouements. »

Mᵉ Nogent a écrit ainsi une grande vérité théorique. Il eût pu ajouter, pour la défense de son client, une vérité pratique tout aussi grande.

Il eût pu dire :

Pourquoi demandez-vous à l'accusé, qui reçoit le capital, plus de défiance contre celui qui lui fournit que la plaignante n'en a eu elle-même, en négligeant, pendant quatre années consécutives, toutes les mesures de sécurité que les codes dictent et que la raison commande?

Madame Lemetais, même après la condamnation de son mari, vous dira, et c'est son droit :

« Si mon mari a été imprudent... s'il a été saisi de vertige... s'il a péché, à qui la faute?

» A cet or jeté à pleines mains, sans autre garantie que celle du mandataire qui le recevait;

» A cet or destiné à fournir des intérêts énormes et des dividendes impossibles;

» A cet or qui devait servir à opérer sans pertes, partout, toujours.

» FOLIE HUMAINE!

» Cet or, aux effets vertigineux, est venu détruire notre vie si heureuse, jusqu'au jour où vos millions ont miroité devant lui!

» Que nous reste-t-il aujourd'hui?... La ruine, la misère, et..... le jugement du 16 mars dernier!...

» Voyez combien coûtent les négligences des grands!

» Vous n'aviez pas le droit de lui jeter la première pierre... et dans la situation que vous m'avez faite, je suis plus à plaindre que vous! et je maudis votre aveugle confiance qui m'a tuée! »

Nous avons cru, madame la princesse, qu'il était de notre devoir de diseur de vérités nues, de vous faire entendre ainsi l'expression de nos sentiments. Ne vous offensez pas de nous y voir mêler un mot de consolation pour ceux qui souffrent, un témoignage de profond respect pour les mères, épouses chastes et dévouées.

A chacun sa tâche.

La nôtre est de poursuivre partout au monde l'œuvre de la réparation!

CONCLUSION

Le soulagement des hommes souffrant est le devoir de tous et l'affaire de tous.
TURGOT.

Terminons notre livre par quelques considérations de droit étendu.

Si le premier devoir de chaque citoyen est de respecter et d'obéir aux lois de son pays, il est aussi un devoir impérieux qui naît du sentiment de dignité constitutif de l'individualisme, qui veut que chaque homme de cœur fasse respecter en lui les droits imprescriptibles que Dieu donne à tous, et que la société intelligente garantit à ceux qui vivent dans son sein.

En dehors des théories diverses de l'idéologie politique, tradition inconstante qui traduit le *droit public* suivant les besoins des théories des gouvernants, il est un *droit privé* qui, bien que soumis aux prescriptions des chartes de chaque pays, semble dominer le droit public de toute l'élévation des sources incréées auxquelles il se puise, et dont l'immuable jurisprudence va traversant les âges en portant toujours le même drapeau au milieu des tempêtes révolutionnaires qui font et défont les rois.

La révolution et le progrès se confondent quelquefois dans la pensée des esprits à courte vue; cependant les causes qui font naître la première et qui déterminent le second semblent établir l'impossibilité d'une pareille confusion, qui fait ainsi arbitrairement le rapprochement de deux éléments séparés par la distance qui divise les bons instincts et les passions mauvaises.

Pour trancher cette question, nous venons dire:

Le progrès est l'élévation de l'homme qui marche dans les voies de la Providence, en y cherchant la science et les notions de la vraie justice.

La révolution, c'est le mouvement tortionnaire d'un peuple chez lequel l'égoïsme a tué la science, cette intelligence réparatrice qui sème et récolte la paix en donnant la liberté, le progrès et l'abondance.

La révolution, c'est la génésie de la réédification des chartes d'une nation qui s'est révoltée contre l'ignorance ou l'oppression, c'est le brisement des épaves d'un état de choses qui s'est usé, en déployant trop de force ou trop de faiblesse. C'est le nivellement de la place sur laquelle on doit bâtir.

Combien de temps faudra-t-il pour édifier à nouveau sur la place rasée ?

Combien de temps les destructeurs du vieil édifice resteront-ils sans abri ? C'est ce qu'à ces heures sombres les populations se demandent avec effroi, et voilà pourquoi les sages craignent les révolutions.

Dieu qui a tout fait a voulu que l'homme cherchât et découvrît. La distance qui sépare l'homme de la divinité n'est autre que celle du vaste champ de l'ignorance, cette montagne abrupte toute semée des fondrières de l'égoïsme et des passions mauvaises.

La loi de Dieu conduit l'homme à la recherche de la vérité.

La vérité est une. La justice doit être comme elle. Si deux justices se rencontrent, il faudra que l'une fasse douter de l'autre.

L'erreur est sans nombre et sans fin ; la politique est comme elle, mais la science est une comme la vérité : la justice doit la suivre.

A la recherche de cette science tout ce que

l'homme découvre l'élève et le rapproche de de Dieu.

Mais l'homme qui abuse de la science pour torturer ses semblables sera maudit.

La première science est celle de la législation ;

La législation doit porter avec elle les éléments de la loi morale ; elle doit se puiser aux sources du droit chrétien ; tout à la fois répressive et réparatrice, elle ne doit inspirer de craintes qu'aux méchants.

La loi équitable ne menace personne, son esprit est celui du protectorat.

Les lois mauvaises, le déni du droit individuel et l'aveugle égoïsme ont seuls préparé les cataclysmes des révolutions, en voulant repousser l'homme à l'état sauvage, en l'abrutissant sous l'*obéissance passive*.

Certains théoriciens prétendent aujourd'hui que cette obéissance passive est le premier élément de l'ordre. — Quand le peuple est soumis au bon plaisir de l'infaillibilité administrative, la paralysie morale atteint et détruit toutes les forces intelligentes : tel est notre avis.

La crainte permanente est voisine de la terreur. La terreur... c'est la révolution.

La terreur ne peut donc être qu'une mesure

exceptionnelle de quelques heures, justifiée à peine par cette devise, utilisée tant de fois :

Salus populi suprema lex.

Chose étrange ! au moment où l'ordre semble établi sur des bases inébranlables ; quand l'industrie et le commerce qui se développent ont besoin de toutes les franchises pour suivre le mouvement que le siècle leur imprime, une menace procédurière apparaît au nom d'un bon plaisir que rien ne justifie.

Le droit de propriété lui-même est menacé par des procédures incroyables dont le droit douteux se greffe sur l'obscurité d'un texte élastique.

Des référés *surpris* font, sans titre, sans preuve, sans droit, maintenir sous le séquestre, en les mettant en face de la ruine, des maisons qui ne doivent rien à ceux qui abusent ainsi de cette procédure dangereuse comme certains hommes, dont le public a déjà jugé les actes par le bilan de leurs dévastations.

Depuis longtemps nous faisons la guerre à la procédure, cet élément anormal qui dévore tout, en s'abritant derrière des lois mauvaises dont la radiation ne tarde à venir que parce qu'on reconnaît que les Codes doivent être refondus en entier.

Ennemi des révolutions, nous sommes celui des

oppressions et des lois vicieuses qui les préparent, nous aimons les victoires pacifiques que la société remporte en faisant avancer l'œuvre de Dieu, qui porte ce nom : Humanité.

Nous ne dirons pas quelle plume écrivit les lignes que nous reproduisons, en nous inclinant devant celui dont le génie a sauvé la France :

« Le but de tout gouvernement habile doit être » de tendre, par ses efforts, à ce qu'on puisse » dire bientôt : *Le triomphe du christianisme a » détruit l'esclavage;* le triomphe de la révolu- » tion française a détruit le servage; *le triomphe » des idées humanitaires a détruit le paupé- » risme.* »

Nous ajoutons :

« Le gouvernement impérial a radié les lois » antichrétiennes, et puni ceux qui violaient la » loi morale, en interprétant judaïquement les » lois conservatrices ! »

En présence de l'état permanent de la violation du texte de la loi, M. Moreau Christophe s'écrie, dans son ouvrage sur la réforme des prisons en France :

QUE FAUT-IL DONC CONDAMNER? EST-CE LE CODE OU CEUX QUI LE VIOLENT?

Tel est le problème qui fait la raison de notre livre.

Sa morale est celle qui nous dit :

Tu ne tortureras pas ton semblable.

Ouvrier persévérant de l'œuvre de la réparation, nous demandons la révision des mesures préventives et la suppression des expertises non contradictoires.

Et ce sera justice.

G. PÉLIN.

MODIFICATIONS PROPOSÉES DANS L'ENSEMBLE

SUR

l'Instruction Correctionnelle et la tenue des audiences

ATTENDU que le siége du ministère public a été institué, concurremment avec l'instruction, dans le but de rechercher les faits délictueux, et que, dans cette situation de suspiscion, les prévenus peuvent se trouver dans l'impossibilité de fournir d'une façon complète les moyens indispensables à la plénitude de leur défense :

Qu'il est évident que si, dans les délits dont la preuve ne s'acquiert que par des éléments de conviction dont la réunion devient longue et difficile à l'accusation, on ne saurait nier que l'accusé doit éprouver des difficultés aussi grandes pour arriver à faire les preuves nécessaires à sa justification à laquelle aucune assistance n'est donnée.

ATTENDU que la justice veut que toutes les garanties soient données à la défense, afin de ne pas laisser de place à l'erreur :

PAR CES MOTIFS, — *un avoué défendeur sera nommé près de chaque chambre correctionnelle, et il assistera gratuite-*

ment tous les prévenus détenus qui réclameront son assistance ; il fera toutes démarches, recherches et correspondances nécessaires à la justification des accusés et il combattra *les pièces de l'instruction.*

Quand les défenses seront complètes, il remettra le dossier à l'avocat d'office, à moins que le prévenu ne veuille se défendre lui-même.

L'audition des témoins appelés à la requête du prévenu ne pourra jamais être refusée par le tribunal.

A peine de nullité, avant de clore les débats, le Président du tribunal demandera au prévenu si ses défenses sont complètes, et *s'il n'a rien à y ajouter ou à en retrancher.*

Conformément aux prescriptions de l'art. **93** du *C. d'Inst. crim.*, le prévenu devra être interrogé dans les vingt-quatre heures, et, si le juge ne croit pas devoir le relaxer, il sera, dans le délai de trois jours au plus, interrogé par trois juges d'instruction, qui déclareront définitivement : *s'il y a lieu à suivre, si la mesure préventive doit être appliquée, et, dans ce cas, si la caution peut être accordée.*

Hors le cas de FLAGRANT DÉLIT, ne pourront être détenus préventivement pour des faits correctionnels ceux qui auront un domicile certain dans le ressort du tribunal près duquel ils devront comparaître, et qui offriront la caution de deux habitants jouissant de tous leurs droits de cité.

Cependant la détention préventive pourra être appliquée à tout individu déjà condamné à un emprisonnement de plus d'un an et à ceux qui se seraient rendus coupables de vols, voies de fait et violences, soit contre l'autorité ou les particuliers, et qui seraient reconnus dangereux pour la sûreté générale.

Le système cellulaire ne pourra être appliqué aux prévenus qu'avec leur consentement.

Dans toutes les circonstances, la détention préventive pour des faits correctionnels ne pourra jamais excéder trois mois, sauf le cas où, par suite des débats, le tribunal ordonnerait un supplément d'information.

Ce supplément d'information ne pourra jamais dépasser quarante jours.

Tous ceux réputés complices, conformément aux art. 59 et 60 du Code pénal, ne pourront jamais être détenus préventivement, si les faits de la complicité ne leur donnent pas une part active dans le délit reproché à l'auteur principal.

Tout prévenu correctionnel qui, après cent quatre-vingts jours de détention, n'aura pas été jugé en premier ressort, sera immédiatement relaxé, et il ne pourra plus être poursuivi pour le fait en raison duquel il aura été incarcéré.

Attendu que l'abus de pouvoir et la concussion ont été prévus par la loi : et qu'il est urgent d'en maintenir l'exécution.

Tout prévenu qui portera plainte contre le juge d'instruction, et qui voudra le récuser, sera en droit de le faire sur cette plainte; le procureur impérial fera suivre l'instruction par un autre magistrat, et dans les vingt-quatre heures il en sera informé conformément à la loi.

Mais si la plainte est mal fondée, le prévenu pourra être poursuivi et puni conformément aux prescriptions de l'article 373 du Code pénal.

Tout prévenu acquitté par un tribunal correctionnel, et non retenu pour une autre cause, sera mis *sur-le-champ en liberté;* son écrou sera levé sans qu'il soit besoin de le reconduire à la prison.

Si le ministère public appelle du jugement, le prévenu acquitté en premier ressort ne pourra jamais être à nouveau sous le coup de la mesure préventive pour ce même fait.

Le tribunal ou la Cour qui prononcera l'acquittement dira par son jugement ou son arrêt s'il y a lieu à ce que le prévenu soit indemnisé pour le préjudice que lui a causé la prévention.

Tout prévenu renvoyé par ordonnance de non-lieu, sera indemnisé si sa détention a duré plus de quinze jours.

Une commission sera instituée pour statuer sur le chiffre des réparations accordées conformément aux prescriptions 1382, 1383 et 1384 du Code civil.

Paris. — Typ. Dupray de la Mahérie, boulevard Bonne-Nouvelle, 26 (Impasse des Filles-Dieu, 5.) — 408

www.ingramcontent.com/pod-product-compliance
Ingram Content Group UK Ltd.
Pitfield, Milton Keynes, MK11 3LW, UK
UKHW020327230726
13925UKWH00002B/672